Inhaltsverzeichnis

Arbeitsheft für Vorstände

Angaben zum Verein

Verein:	
Sitz:	
Vereinsregister Nummer:	
Verband Nummer:	
Finanzamt Steuernummer:	

Angaben zur Person

Name, Vorname:	
Straße:	
PLZ, Ort:	
Tel., Fax. E-mail	
Funktion im Verein:	

Wichtige Adressen

Funktion / Institution	Abt. / Nr. etc.	Ansprechpartner: Name, Adresse, Telefon/Fax, Internet
Stadt / Gemeinde-Verwaltung		
Kreisverwaltung		
Landesregierung		
Finanzamt		
Amtsgericht/ Vereinsregister		
Sparkasse / Bank		
Bundestags-abgeordnete (r)		
Landtags-abgeordnete(r)		
Kreisverband		
Landesverband		
Bundesverband		
Steuerberater		
Rechtsanwalt / Notar		

Wichtige Adressen (2)

Funktion / Institution	Abt. / Nr. etc.	Ansprechpartner: Name, Adresse, Telefon/Fax, Internet

Auslagen für den Verein

Verauslagt am	Vorgang	€	Eingereicht am	Erstattet am

Treuhänderische Verwahrung für den Verein

Übernommen am	Objekt	Zurück am

Besetzung des Vorstands

Funktion	Name, Adresse	Telefon / Fax / Mail	Seit / Bis

Aufgabenverteilung

Nr.	Aufgabe	Termin	Zuständig	Vertreter
1				
2				
3				
4				
5				
6				
7				
8				
9				
10				
11				
12				
13				
14				
15				

Persönlich übernommene Aufgaben

Datum	Quelle	Vorgang	Termin bis	Erledigt am

Kompetenzen (Muster-Geschäftsanweisung)

- Kompetenzen sind Geschäftsführungsbefugnisse des Vorstands gemäß §..... der Vereinssatzung, die dieser gemäß § ..... der Vereinssatzung auf einzelne seiner Mitglieder oder auf Dritte ausdrücklich überträgt.
- Für die sich aus der Ausübung eines Ehrenamtes im normalen Vereinsbetrieb üblicherweise ergebenden Tätigkeiten und Anordnungen sind Kompetenzen nicht erforderlich.
- Kompetenzen dienen der sinnvollen Gestaltung und rationellen Durchführung des Vereinsbetriebes. Sie dürfen nicht willkürlich ausgeübt werden.
- Kompetenzen werden im Einzelfall eingeschränkt durch gesetzliche oder satzungsmäßige Regelungen, Vereinsordnungen oder Beschlüsse der Mitgliederversammlung oder des Vorstands sowie die finanziellen und organisatorischen Rahmenbedingungen des Vereins.
- Einer Stelle zugeordnete Kompetenzen gehen mit der Annahme eines Ehrenamtes automatisch auf den Amtsinhaber über, es sei denn, das zuständige Gremium entscheidet anders.
- Die Kompetenzen dürfen vom Amtsinhaber nur im eigenen Zuständigkeitsbereich ausgeübt werden.
- Soweit eine Regelung für den Vertretungsfall vorgesehen ist, darf die Vertretungskompetenz nur ausgeübt werden, wenn der zu Vertretende abwesend ist und die Entscheidung keinen Aufschub duldet.

Bei Befangenheit, insbesondere in eigenen Angelegenheiten, dürfen die Kompetenzen nicht ausgeübt werden.

Kompetenzen

Nr.	Vorgang	Kompetenz	Funktion/Name
1			
2			
3			
4			
5			
6			
7			
8			
9			
10			

Beschlossen am: durch:

Planung der Vorstandssitzungen für ....

Termin	Schwerpunktthemen	Einladung am	Erledigt am

Merkzettel

Erfasst am	Vorgang	Termin bis	Erledigt am

Anwesenheitsliste der Vorstandssitzungen **Jahr:**

Termin: Name:																	

Legende: X = Teilgenommen; O = Entschuldigt gefehlt; - = Unentschuldigt gefehlt; V = Vertreter teilgenommen

Vermerke:

Anwesenheitsliste der Vorstandssitzungen (2) **Jahr:**

Name: Termin:																	

Legende: X = Teilgenommen; O = Entschuldigt gefehlt; - = Unentschuldigt gefehlt; V = Vertreter teilgenommen

Vermerke:

Die rechtliche Bedeutung des Protokolls

Bei nicht eindeutiger Regelung in der Satzung entscheidet der Protokollführer über die Art des Protokolls. Ein ordnungsgemäß geführtes Versammlungsprotokoll sollte mindestens folgende Angaben enthalten:

1. Ort, Tag und Stunde der Versammlung.
2. Die Eröffnung durch den Versammlungsleiter mit der Feststellung, dass die Versammlung satzungsgemäß einberufen wurde und beschlussfähig ist.
3. Die Zahl der erschienenen stimmberechtigten Mitglieder.
4. Hinweis auf erfolgte Informationen zur Datenschutz Grundverordnung
5. Die Genehmigung der Tagesordnung.
6. Die Berichte des Vereinsvorsitzenden, des Schatzmeisters, der Abteilungsleiter, der Rechnungsprüfer (Diese können auch als Anlage beigefügt werden).
7. Die Entlastung des Vorstands.
8. Die Texte der zur Abstimmung gelangten Sachanträge.
9. Die Art der Abstimmung mit dem genauen Abstimmungsergebnis (Anwesende stimmberechtigte Personen, Ja-Stimmen, Nein-Stimmen, Stimmenthaltungen, ungültige Stimmen).
10. Bei Wahlen die Namen der Gewählten
11. Die Erklärung, dass sie die Wahl annehmen.

Die Verantwortung für den Inhalt des Protokolls hat in erster Linie der Versammlungsleiter, der auch zusammen mit dem Protokollführer das Protokoll einschließlich der Anlagen unterschreibt. Eventuell verlangt die Satzung die Unterschrift weiterer Personen.

Das Protokoll ist eine Privaturkunde und begründet, sofern unterschrieben, vollen Beweis dafür, dass die darin enthaltenen Erklärungen von den Ausstellern abgegeben sind (siehe hierzu § 416 ZPO). Um gültig zu sein, muss das Protokoll nicht von einer Mitgliederversammlung genehmigt werden. Es sei denn, die Vereinssatzung sieht dies ausdrücklich vor. Das Verlesen hat spätestens in der nächsten Mitgliederversammlung zu geschehen.

Eine Änderung des Protokolls ist nur mit Zustimmung aller Unterzeichner möglich. Es ist ein besonderer Vermerk über die Änderung anzubringen und entsprechend zu unterschreiben. Mitglieder, die Fehler im Protokoll behaupten, müssen diese auch beweisen. Erst mit Fertigstellung beginnen die Fristen zur Anfechtung von Versammlungsbeschlüssen.

Einsichtsrecht in das Protokoll haben Vereinsmitglieder jedenfalls dann, wenn sie ein berechtigtes Interesse nachweisen. Es sei denn, die Satzung schreibt vor, jedem Mitglied vom Protokoll Kenntnis zu geben.
Das Versammlungsprotokoll bildet für den Verein, seine Organe und Mitglieder eine gesicherte Grundlage der Vereinsarbeit. Das ordnungsgemäß geführte und unterschriebene Protokoll hat Beweiswert.

Offene Positionen aus Protokollen

Protokoll vom	TO. - Nr.	TO. - Nr. - Stichworte	Zuständig	Erledigt am

Offene Positionen aus Protokollen (2)

Protokoll vom	TO. - Nr.	TO. - Nr. - Stichworte	Zuständig	Erledigt am

Wann beginnt und endet ein Vorstandsamt?

Bestellung und Annahme

Die Amtszeit des Vorstands nach § 26 BGB beginnt mit der Bestellung durch das zuständige Organ (i. d. R. die Mitgliederversammlung) und der Annahmeerklärung des Gewählten.

Die Annahme kann bei Abwesenheit auch vorher oder nachher schriftlich erklärt werden. Somit beginnt die Amtszeit für den Vorstand nach § 26 BGB (Vertretungsberechtigter Vorstand) bereits vor der Eintragung des Vorstands in das Vereinsregister.

Amtsdauer

Die Amtsdauer richtet sich nach der Satzung des Vereins. Findet man in der Satzung keinen Hinweis auf die Amtsdauer des Vorstands, läuft diese bis zur Abwahl, zum Rücktritt oder zum Tod des Amtsinhabers.

Ist die Dauer der Amtszeit geregelt (z. B. drei Jahre), erlischt automatisch die Amtszeit des gewählten Vorstandsmitglieds mit Ablauf dieser Amtszeit. Es gibt keine automatische Verlängerung des Vorstandsamtes. Aus diesem Grund ist zu empfehlen, in die Satzung eine sog. Übergangsklausel aufzunehmen, nach dem der Vorstand so lange im Amt bleibt, bis ein neuer gewählt ist.

Rücktritt

Ein Rücktritt kann schriftlich oder, wenn in der Satzung nicht anders geregelt, auch mündlich erfolgen. Das Vorstandsmitglied muss seinen Rücktritt entweder dem für die Vorstandsbestellung zuständigen Organ (Mitgliederversammlung), oder dem laut Satzung bestimmten anderen Organ (z. B. Vorstand selbst) erklären.

Der Rücktritt beendet die Organstellung mit sofortiger Wirkung. Nach Wirksamkeit und Zugang der Erklärung kann diese nicht mehr zurückgenommen werden.

Die vereinsrechtlichen Verpflichtungen des Vorstands

Aufgaben und Lösungen

Vereinszweck verwirklichen:

Bereits bei der Jahresplanung die Mittel entsprechend steuern. Nachweis durch Buchführung. Pflichtpunkt im Rechenschaftsbericht.

Die Mitgliederversammlung termin-, frist- und formgerecht einberufen:

Fester Jahrestermin (1. Freitag im März) Ladung erstmalig vorsorglich mit evtl. vorläufiger Tagesordnung deutlich vor Termin.

Absolute Auskunftspflicht gegenüber der Mitgliederversammlung:

Ausführlicher und aussagefähiger Bericht in der Mitglieder-Versammlung. Lieber Wissenslücke zugeben und auf späteren Termin verweisen, als Halbwahrheiten verkünden.

Beschlüsse der Mitgliederversammlung auf ihre Wirksamkeit prüfen:

Einreichung von Beschlussanträgen 3 Tage vor Sitzung vereinbaren, um Zeit zur Prüfung zu haben. Satzung und BGB griffbereit.

Die notwendigen Anmeldungen beim Registergericht abgeben:

Als Termin 14 Tage nach der Mitgliederversammlung notieren.

Bei Überschuldung oder Zahlungsunfähigkeit Vergleichs- oder Konkursverfahren beantragen:

Haushaltsplan und Liquiditätsplanung. Bericht des Schatzmeisters in jeder Vorstandssitzung.

Vorstandssitzungen termin-, frist- und formgerecht einberufen:

Feste Termine für Vorstandssitzungen (1. Dienstag im Monat):
Auf jeden Fall langfristige Planung. Gegenseitige Information der Vorstandsmitglieder in der Vorstandssitzung; Fester Tagesordnungspunkt: Bericht des ... oder Bericht über.... Zeitlimit vorgeben.

Vertraglich Verpflichtungen des Vereins erfüllen:

Liste vertraglicher Verpflichtungen des Vereins anlegen und überwachen.

Ansprüche des Vereins durchsetzen, insbesondere auch Mitgliedsbeiträge:

Rückständige Beiträge in Vorstandssitzung besprechen. Bei Verzicht satzungsgemäßen Beschluss herbeiführen. I.d.R. Zuständigkeit der Mitgliederversammlung.

Nur Vereinsinteressen, keine persönliche oder die Interessen Dritter verfolgen:

Bei Befangenheit auf Teilnahme an Beratung und Beschlussfassung verzichten. Zu Beginn jeder Legislaturperiode Hinweis in Vorstandssitzung.

Verschwiegenheitspflicht gegenüber Dritten in Vereinsangelegenheiten:

Bei kritischen Beschlüssen Hinweis in der Vorstandssitzung (insbes. bei personellen Angelegenheiten wie Gehältern aber auch Beitragsrückständen).

Keine Mandatsniederlegung zur Unzeit:

Innerhalb der Wahlperiode sollte eine Mandatsniederlegung nur aus wichtigem Grund oder so erfolgen, dass die Vorstandsarbeit nicht über Gebühr beeinträchtigt wird.

Die Pflichten aus der Vereinsführung

Aufgaben und Lösungen

Die Beschlüsse der Mitgliederversammlung und des Vorstands umsetzen:
Restantenliste über noch nicht erledigte Beschlüsse führen. Bericht mit Begründung in Vorstandssitzung oder Mitgliederversammlung über noch nicht erledigte Beschlüsse.

Mitgliederverwaltung:
Das Mitgliederverzeichnis mit An- und Abmeldungen ordnungsgemäß führen, ab 50 Mitglieder EDV gestützt. Regelmäßiger Bericht in Vorstandssitzung über Mitgliederentwicklung, persönliche Ehrentage, Jubiläen.

Auf ordnungsgemäße Beitragszahlung zu achten:
Möglichst keine Bar- oder Rechnungszahler, ausschließlich Bankeinzug verwenden.

Für die Finanzen eine Buchführung anwenden, die den Aufgaben Ihres Vereins entspricht:
Schatzmeister mit entsprechenden Kenntnis wählen oder ihm die Möglichkeit zur Weiterbildung geben.

Einen aussagefähigen Jahresabschluss zu erstellen:
Von Fall zu Fall einen Steuerberater konsultieren. Den Jahresabschluss so gestalten und erläutern, dass er auch von nicht fachkundigen Mitgliedern in seinen Grundzügen verstanden wird.

Sicherstellen, dass Satzungs-, gesetzliche- und steuerrechtliche Bestimmungen eingehalten werden:
Von Fall zu Fall in Seminaren oder durch Lektüre Kenntnisse auffrischen. Möglichst viel mit Checklisten, Formularen und Mustern arbeiten.

Die Gemeinnützigkeit sichern.

Das Steuerrecht verlangt ausdrücklich, dass dieses Privileg durch eine entsprechende Geschäftsführung belegt wird. Beachten Sie bei Ihrer Jahresplanung die Grundsätze der Gemeinnützigkeit. Der Schatzmeister sollte regelmäßig berichten und bestätigen, dass
die Mittel des Vereins fast ausschließlich für den Vereinszweck verwendet werden,
der ideelle Bereich nicht den wirtschaftlichen Geschäftsbetrieb subventioniert,
evtl. Rücklagen den steuerliche Vorschriften entsprechen,
Zuwendungen an Mitglieder (z.B. ant. Kosten Weihnachtsfeier) die steuerlichen Grenzen pro Person und Jahr nicht überschreiten,
bei persönlichen Ehrentagen Geschenke nur im steuerlich möglichen Rahmen ausgegeben werden.

Körperschaftsteuer, Gewerbesteuer, Umsatzsteuer:

Freigrenze Körperschaftsteuer und Gewerbesteuer 35000,-- € für den wirtschaftlichen Geschäftsbetrieb.
Freigrenze Umsatzsteuer 17.500 € Vorjahr oder 50.000 € lfds. Jahr.
Achten Sie darauf, dass Ihre Buchführung diese Zahlen ermittelt und protokollieren Sie die Ergebnisse mindestens zum Jahresende in den Vorstandsprotokollen.

Lohnsteuer:

Nur Aufwandsersatz für Reisekosten, Porto, Telefon gegen Nachweis oder Pauschale von 2.400 € für Übungsleiter steuerfrei. Ehrenamtsamtspauschale von 720,-- € pro Person und Jahr steuerfrei, wenn satzungsmäßige Voraussetzungen vorliegen. Ehrenamtspauschale und Übungsleiterpauschale nicht für die gleiche Tätigkeit parallel.

Teilen Sie allen für den Verein gegen Entgelt tätigen Personen am Jahresende die Höhe der vom Verein gezahlten Beträge unter Berücksichtigung der vom Verein beglichenen Steuern mit und bitte Sie die Empfänger für eine ordnungsgemäße Versteuerung im Rahmen ihrer Steuerklärung zu sorgen.

Die Wahrung des Vereinsvermögens

Finanzielle Belastungen des Vereins müssen seiner Finanzkraft entsprechen: Bei Investitionen Finanzierungsplan aufstellen. Bei notwendiger Aufnahme von Krediten Zuständigkeiten beachten.

Zins und Tilgung müssen durch gesicherte freie Einnahmen gedeckt sein:

Bei größeren Veranstaltungen Finanzierungsplan aufstellen. Risiken der Finanzierung (nicht gesicherte Spenden, Eintrittsgelder) aufzeigen und ausdrücklich in Beschlussvorlage erwähnen:
Ebenso bei Etataufstellungen für Spielserien etc.
Die Vermögenswerte des Vereins erhalten:
Ein Inventarverzeichnis mit den Vermögenswerten des Vereins führen. Zum Jahresende Inventur durchführen. Die Vermögenswerte angemessen versichern.

Das Rechnungswesen

Das Rechnungswesen im Verein bietet einen Überblick über den Bestand und die Entwicklung des Vereinsvermögens, es erlaubt einen Einblick in die Einnahmen und Ausgaben des Vereins und es gibt frühzeitig Signal, wenn die Zahlungsfähigkeit des Vereins gefährdet ist. Es ist damit kein Selbstzweck, sondern sichert eine effektive und wirtschaftliche Führung des Vereins. Einen Verein ohne ein funktionierendes Rechnungswesen zu führen, ist verantwortungslos.

Nur auf der Basis des Rechnungswesens kann der Vorstand seiner Pflicht der Mitgliederversammlung gegenüber nachkommen, Rechenschaft über seine Tätigkeit des vergangenen Jahres abzulegen. Dieser Rechenschaftsbericht ist gleichzeitig die Grundlage für die Entlastung des Vorstandes, mit der der Verein auf zivilrechtliche Ansprüche aus der Tätigkeit des Vorstands verzichtet.

Die Buchführung

Buchführung muss sein

Die Verpflichtung der Vereine zur Buchführung resultiert aus der gesetzlichen Verpflichtung des Vorstands, Rechenschaft über die Geschäftsführung abzulegen.

Rechtliche Grundlagen

Gemäß in Paragraph 27 Absatz 3 und §666 BGB sind Vereine ihren Mitgliedern gegenüber verpflichtet, Auskünfte und zu geben und Rechenschaft über ihre Geschäfte abzulegen. Die Rechenschaftspflicht ist, wenn in der Satzung nichts anderes bestimmt wird, gemäß § 59 Absatz 1 BGB in der Weise zu erfüllen, dass alle Einnahmen und Ausgaben des Vereins vollständig aufgezeichnet und geordnet zusammengestellt werden und die Belege und Unterlagen vorhanden sein müssen.
Gemäß Paragraph 260 Absatz 1 BGB ist zusätzlich ein Verzeichnis des Bestandes des Vermögens vorzulegen. Diese Rechenschaftspflicht gilt unabhängig davon, ob es sich um einen eingetragenen oder nicht eingetragenen Verein handelt.

Aus dieser Verpflichtung nach dem BGB ergibt sich auch die steuerliche Verpflichtung gemäß Paragraph 140 Abgabenordnung für die Vereine, Bücher und Aufzeichnungen zu führen. Für Umsatzsteuerpflichtige Vereine ergibt sich zusätzlich eine Aufzeichnungspflicht aus dem Umweltsteuergesetz.

Die Abgabenordnung verpflichtet die gemeinnützigen Zwecken dienende Vereinen zu Mindestaufzeichnungen. Dies sind die ordnungsgemäßen Aufzeichnung aller Einnahmen und Ausgaben. Das Gemeinnützigkeitsrecht verpflichtet den Verein weiterhin zu dem Nachweis, dass die tatsächliche Geschäftsführung der Satzung entspricht, nach der der Verein ja die Vorteile in der Gemeinnützigkeit in Anspruch nehmen kann. Diesen Nachweis hat der Verein durch die Aufzeichnung alle Einnahmen Ausgaben zu führen. Wichtig ist dabei, dass auch die Art der Einnahmen und Ausgaben erkennbar ist sowie die Unterscheidung nach den Tätigkeitsbereich in des Vereins. Bei wirtschaftlichen Geschäftsbetrieben sind die Einnahmen für jeden dieser Betriebe gesondert festzuhalten.

Und das Finanzamt

Für Zwecke der Besteuerung kann die Buchführung nur herangezogen werden, wenn sie hinsichtlich ihrer Aussagekraft und ihrer Einheitlichkeit den oben genannten Anforderungen genügt. Darum sind alle Aufzeichnungen so vorzunehmen, dass der Zweck, den sie für die Ermittlung der richtigen Besteuerung erfüllen sollen, erreicht wird.

Ordnungsvorschriften

In der Abgabenordnung sind Ordnungsvorschriften aufgeführt, die sowohl für die Buchführung als auch für die sonstigen Aufzeichnungen gelten. Ihre Aufzeichnungen einschließlich ihrer Buchungen sind vollständig, richtig, zeitgerecht und geordnet vorzunehmen. Auch im Verein müssen Geschäftsvorfälle spätestes innerhalb eines Monats

Eingang in die Aufzeichnungen gefunden haben. Es muss sichergestellt sein, dass die Buchungsunterlagen nach der endgültigen Verbuchung in geeigneter Form aufbewahrt werden, damit sie nicht verloren gehen und vor Manipulationen geschützt sind.

Der Vorstand ist verantwortlich

Der Vorstand des Vereins, bei einem satzungsmäßig vorgegeben Ressort Schatzmeister zunächst dieser, ist verantwortlich für die ordnungsgemäße Buchführung, die fristgerechte Abgabe der Steuererklärungen und die pünktlich Zahlung der erhobenen Steuern. Verletzen der Vereinsvorstand und/oder der Ressortverantwortliche Schatzmeister vorsätzlich oder grob fahrlässig diese Pflichten, haftet er als gesetzlicher Vertreter persönlich für die Steuerschulden. Sogar wenn er nicht mehr im Amt ist, kann er für Steuerschulden, die aus seiner Amtszeit herrühren, haftbar gemacht werden. Darum sollten Sie im Hinblick auf eine ordnungsgemäße Buchführung keine Kompromisse machen.

Datenschutz Grundverordnung

Der Vorstand

Verantwortlicher ist die Person, die allein oder gemeinsam mit anderen über die Zwecke und Mittel der Verarbeitung von personenbezogenen Daten entscheidet. Im Verein ist dies in der Regel der Vorstand. Wenn mehr als 20 Mitglieder mit der Datennutzung betraut sind, ist eine Datenschutzbeauftragter zu bestellen

Aufgaben

Der Vorstand oder, wenn vorhanden, der Datenschutzbeauftragte wirkt auf die Einhaltung datenschutzrechtlicher Vorschriften hin.

1. *Er hat insbesondere die ordnungsgemäße Anwendung der Datenverarbeitungsprogramme, mit deren Hilfe personenbezogene Daten verarbeitet werden sollen, zu überwachen.*
2. *Zu diesem Zweck ist er über Vorhaben der automatisierten Verarbeitung personenbezogener Daten rechtzeitig zu unterrichten.*
3. *Ferner hat er die bei der Verarbeitung personenbezogener Daten tätigen Personen durch geeignete Maßnahmen mit dem Datenschutzrecht und den jeweiligen Erfordernissen des Datenschutzes vertraut zu machen.*
4. *Die bei der Verarbeitung personenbezogener Daten tätigen Personen sind zur Wahrung des Datengeheimnisses zu verpflichten.*
5. *Alle Personen, die Zugang zu Mitgliederdaten haben, d.h. insbesondere die Funktionsträger des Vereins, welche für ihre Aufgaben Mitgliederdaten erhalten, sind schriftlich auf die Wahrung des Datengeheimnisses zu verpflichten.*

Entlastung des Vorstandes

Zuständig

Das für die Entlastung des Vorstandes i.d.R. zuständige Vereinsorgan ist die Mitgliederversammlung. Sie entscheidet durch Mehrheitsbeschluss. Die Entlastung kann auch für jedes einzelne Vorstandsmitglied gesondert beschlossen und somit dem einen erteilt oder dem anderen versagt werden. Die betroffenen Vorstandsmitglieder haben bei der Entlastung kein Stimmrecht. Sofern die Vereinssatzung dies nicht anders regelt, kann der Vorstand jederzeit einen Antrag auf Entlastung stellen.

Rechtliche Wirkung

Mit der Entlastung verzichtet der Verein den entlasteten Personen gegenüber auf Schadensersatz- und Bereicherungsansprüche. Die Entlastung wird grundsätzlich nur für die bekannten Handlungen erfolgen. Wird eine schadenverursachende Handlung erst nach der Entlastung bekannt, gilt der Vorstand für die Handlung nicht als entlastet. Die Entlastung erfolgt in der Regel für das abgelaufene Geschäftsjahr.

Welche Informationen braucht der Vorstand

Aus Pflichten der Geschäftsführung benötigen Sie als Vorstand folgende Informationen

Information	Geprüft am
Übersteigen die Vermögenswerte die Schulden (Keine Überschuldung)	
Ist die Zahlungsfähigkeit für die nächsten Monate gegeben. (Liquiditätsplan)	
Wird der Haushaltsplan/Finanzplan eingehalten	
Aus steuerlichen Vorschriften: Getrennte Erfassung der Vereinsbereiche Ideeller Bereich, Vermögensverwaltung, Wirtschaftlicher Geschäftsbetrieb	
Keine Subvention des wirtschaftlichen Geschäftsbetriebs durch steuerbefreite Bereiche gefährdet die Gemeinnützigkeit.	
Nachweis, das die dem Verein zugegangenen Spenden ausschließlich für steuerbegünstige Zwecke ausgegeben wurden.	
Ist der Verein Umsatzsteuerpflichtig	
Ist der Verein Körperschaft- und Gewerbesteuerpflichtig	
Muss der Verein Lohnsteuer und evtl. Sozialversicherungsbeiträge abführen.	
Wie hoch sind die Mittel, die ausgegeben werden für, Jugendarbeit, Mitgliederbetreuung, Vereinsverwaltung, Einzelne Abteilungen des Vereins	
Inventarliste einmal jährlich einsehen	
Wie hoch sind unsere Forderungen aus rückständigen Beiträgen.	

Hinweis: Der Verein muss nur Steuererklärungen abgeben, wenn er steuerpflichtige Tatbestände erfüllt hat. Verantwortlich für die Abgabe der Steuererklärungen ist der Vorstand. Die Buchführung muss belegen, dass erhobenen Steuern auch gezahlt wurden.

Daten der Mitgliederversammlung

1 .	Wie oft pro Jahr muss eine Mitgliederversammlung stattfinden	
2 .	Wann ist der späteste Termin	
3 .	Bis zu welchem Termin muss eingeladen werden	
4 .	Durch wen wird eingeladen	
5 .	Welche Formvorschriften sind bei der Einladung zu beachten	
6 .	Welche Gremien müssen vorher tagen	
7 .	Welche Beschlüsse müssen dort vorher gefasst werden	
8 .	Voraussetzungen der Beschlussfähigkeit	
9 .	Formvorschriften bei Wahlen	
10 .	Erforderliche Mehrheiten bei Wahlen	
11 .	Formvorschriften bei Sachanträgen	
12 .	Erforderliche Mehrheiten bei Sachanträgen	
13 .	Wer ist stimmberechtigt	
14 .	Wer ist teilnahmeberechtigt	
15 .	Wer hat ein Rederecht	
16 .	Wer leitet die Sitzung	
17 .	Welche Sitzungsordnung gilt	
18 .	Wer ist antragsberechtigt	
19 .	Bis wann müssen Anträge eingereicht werden	
20 .	Wer entscheidet, ob Anträge behandelt werden	

Checkliste zur Vorbereitung einer Mitgliederversammlung

	Vorgang	Zuständig
1 .	Allgemeine Terminsituation klären (Andere Vereine etc.)	
2 .	Möglichen Termin mit Vorstand, Ehrengästen und Festrednern abstimmen	
3 .	Termin festlegen	
4 .	Veranstaltungsort auswählen und reservieren	
5 .	Erforderliche Genehmigungen einholen	
6 .	Ablauf grob festlegen	
7 .	Personellen und sächlichen Aufwand festlegen	
8 .	Kosten kalkulieren	
9 .	Zuständigkeitsbereiche und Aufgaben verteilen	
10 .	Mit Wirt Speisen, Getränke und Dekoration abstimmen	
11 .	Tagesordnung im Vorstand vorbesprechen	
12 .	Jahresbericht im Vorstand vorbesprechen	
13 .	Jahresabschluss im Vorstand vorbesprechen	
14 .	Einladungen versenden	
15 .	Ehrengäste und Festredner schriftlich einladen (incl. TO)	
16 .	DRK, Feuerwehr einladen	
17 .	Pressevertreter einladen (incl. TO)	
18 .	Entscheidung über Zulassung von Anträgen (Satzung)	
19 .	Technische Hilfsmittel vorbereiten (Stimmzettel etc.)	
20 .	Unterlagen vorbereiten	
21.	Festlegen, welche Daten erhoben werden, Abgleich mit DSGVO	

Muster - Tagesordnung einer Mitgliederversammlung

	Thema	Zeit in Min.	Ihre Zeit in Min.
1.	Begrüßung	3	
2.	Eröffnung der Versammlung	1	
3.	Feststellung der ordnungsgemäßen Ladung	1	
4.	Feststellung der Beschlussfähigkeit	1	
5.	Hinweis auf die Bestimmungen der DSGVO	1	
6.	Genehmigung der Tagesordnung	1	
7.	Ehrungen	10	
8.	Jahresbericht des Vorstands für das abgelaufene Jahr	20	
9.	Finanzbericht des Schatzmeisters	10	
10.	Bericht der Rechnungsprüfer	3	
11.	Aussprache über die Berichte	10	
12.	Entlastung des Vorstands	2	
13.	Genehmigung des Haushaltsplans für das Laufende Jahr	5	
14.	Bericht über die Vereinsziele	15	
15.	Aussprache über die Vereinsziele	10	
16.	Satzungsgemäß gestellte Anträge (einzeln aufführen)	15	
16.			
17.			
18.			
19.			
20.			

Tagesordnung der Sitzung vom . . . .

Lfde.Nr.	Thema

Wortmeldungen zu den Tagesordnungspunkten

Zu TO.Nr.	Name	Zurückgezogen	Gesprochen

Notizen zu den Tagesordnungspunkten

Zu TO.Nr.	Stichworte	Anmerkung

Mitgliederversammlung vom Wahlergebnisse

Funktion	Kandidaten	Ja	Nein	Ungült.	Enth.	Angen.

Mitgliederversammlung vom **Abstimmungsergebnisse**

Antrag Nr.:	Antrag (Stichworte)	Ja	Nein	Enth.	Ungült.

Einberufung der Mitgliederversammlung

Eine Mitgliederversammlung muss so einberufen werden, wie die Satzung dies vorschreibt. Das ist zunächst einmal die ordentliche Mitgliederversammlung, die zu den in der Satzung vorgegebenen Terminen einzuberufen ist.
Eine außerordentliche Mitgliederversammlung ist einzuberufen, wenn das Interesse des Vereins es verlangt. Dies ist immer dann der Fall wenn deutlich von der Norm abweichende Ereignisse eingetreten sind oder einzutreten drohen.
Eine Mitgliederversammlung ist einzuberufen, wenn eine Minderheit der Mitglieder dies verlangt. Die Minderheit muss ihren Antrag mit der lt. Satzung erforderlichen Anzahl an Unterschriften an das für die Einberufung zuständige Organ, i.d.R. der Vorstand richten.
Wird zu einer Mitgliederversammlung nicht kompetenzgerecht eingeladen, sind die dort gefassten Beschlüsse nichtig. Nicht kompetenzgerecht ist eine Einladung, wenn die Einladenden eine Befugnis zur Einladung nicht haben oder diese überschreiten

Wie wird abstimmt

Der Bundesgerichtshof hat mit Urteil vom 25. Januar 1982 (Aktenzeichen II ZR 164/81 - München) entschieden, dass bei der Beschlussfassung im Verein die Mehrheit nur nach der Zahl der abgegebenen Ja- und Nein-Stimmen zu berechnen sei und dass Stimmenthaltungen nicht mitzuzählen sind.
Würden Stimmenthaltungen mitgezählt, würden diese sich so auswirken, als ob das betreffende Mitglied mit "Nein" gestimmt hätte. Damit wäre der objektive Wille der Versammlung verfälscht.

Entscheidend sind immer nur die abgegebenen Stimmen der zur Zeit der Abstimmung anwesenden stimmberechtigten Mitglieder. Mitglieder, die zur Zeit der Abstimmung nicht im Versammlungsraum sind, werden bei der Berechnung der Gesamtzahl ebenfalls nicht mitgerechnet. Es immer darauf zu achten, dass Enthaltungen bei der Berechnung von Mehrheiten nicht mitzuzählen sind. Das gilt auch für ungültige Stimmen.

Abstimmungsvorgänge

Bei eindeutigen Mehrheitsverhältnissen und kritischen Themen wird durch Akklamation entschieden: " Erhebt sich gegen diesen Vorschlag Widerspruch?“ Entsprechender Applaus gilt als Zustimmung.
Zu den weitaus meisten Anträgen wird offen abgestimmt durch Handzeichen oder zeigen einer Stimmkarte. Bei Personalentscheidungen ist auch im Verein eine geheime Abstimmung nicht unüblich aber auch nicht vorgeschrieben. Dazu werden eindeutig gekennzeichnete Stimmzettel benötigt. Bei verschiedenen Anträgen zu einem Tagesordnungspunkt wird zunächst der weiter gehende behandelt.

Was gibt es für Mehrheiten?

Einfache Mehrheit ist erreicht, wenn die Summe der Ja-Stimmen mindestens um eine Stimme größer ist als die Summe der Nein-Stimmen.
Absolute Mehrheit bedeutet, dass für die Mehrheit mehr als die Hälfte der zur Abstimmung anwesenden Vereinsmitglieder notwendig ist.
Qualifizierte Mehrheit ist eine Stimmenmehrheit, die sich aus der in der Satzung festgelegten Anforderungen ergibt. (z. B. 2/3 oder ¾ Stimmenmehrheit).
Relative Stimmenmehrheit kann hinter der einfachen Mehrheit zurückbleiben. Beschlossen ist der Antrag, der die meisten Stimmen auf sich vereinigt.

Geschäftsordnungsanträge

Die Mitglieder in der Mitgliederversammlung haben die Möglichkeit, über Geschäftsordnungsanträge auf den Verlauf der Sitzung Einfluss zu nehmen. Üblicherweise meldet man sich zu Geschäftsordnungsanträgen durch aufheben beider Arme, um so den Unterschied zu einer normalen Wortmeldung deutlich zu machen.
Sie können u.a. folgende Geschäftsordnungsanträge stellen: Anträge zur Tagesordnung;
Antrag auf Schluss der Rednerliste; Antrag auf Schluss der Debatte; Antrag auf Schluss der Sitzung.

Beispiele für Wahlverfahren

Gewählt ist, wer die meisten Stimmen erhält (Relative Mehrheit)

Wahlgang	1
Kandidaten	Stimmen
Brandt	41
Cherk	24
Dünnebacke	17
Lehmann	5
Prochnow	12
Enthaltungen	1
Ungültig	0
Stimmberechtigt	100

Es stehen fünf Kandidaten zur Wahl. Gewählt ist, wer die meisten Stimmen erhält. Das ist in diesem Fall Brandt, der nach Annahme der Wahl in die Funktion gewählt wurde.

Gewählt ist, wer die (einfache) Mehrheit der Stimmen bekommt.

Wahlgang	1	2
Kandidaten	Stimmen	Stimmen
Brandt	17	20
Cherk	24	26
Dünnebacke	41	48
Lehmann	5	
Prochnow	12	
Enthaltungen	1	5
Ungültig	0	1
Stimmberechtigt	100	100

Es stehen zunächst fünf Kandidaten zur Wahl. Einfache Mehrheit der Stimmen bedeutet, mindestens mehr als 50 %. Enthaltungen und ungültige Stimmen werden nicht gezählt. Im ersten Wahlgang wären dies (99 / 2 = 49,5) 50 Stimmen gewesen, die keiner der Kandidaten erreichte. Im zweiten Wahlgang hatten 2 Kandidaten zurückgezogen. 6 Stimmen waren nicht zu berücksichtigen, also waren mindestens (94 / 2 = 47) 48 Stimmen erforderlich, die Dünnebacke erreicht hat. Dieser Kandidat ist nach Annahme der Wahl in die Funktion gewählt.

Gewählt ist, wer die absolute Mehrheit der Stimmen erhält

Wahlgang	1	2	3
Kandidaten	Stimmen	Stimmen	Stimmen
Brandt	17	9	9
Cherk	24	30	51
Dünnebacke	41	41	37
Lehmann	5		
Prochnow	12		
Enthaltungen	1	19	2
Ungültig	0	1	1
Stimmberechtigt	100	100	100

Bei der Anforderung „Absolute Mehrheit" muss ein Kandidat mehr als die Hälfte der stimmberechtigten Teilnehmer auf sich vereinigen. Hier sind also die Enthaltungen und die ungültigen Stimmen mitzuzählen, dass heißt, der Kandidat benötigt in diesem Beispiel 51 Stimmen. Bei einer einfachen Mehrheit wäre bereits im zweiten Wahlgang der Kandidat Dünnebacke gewählt worden, so erreicht Cherk im dritten Wahlgang die zur Wahl erforderliche absolute Mehrheit.

Ausscheidungsverfahren

Wahlgang	1	2	3	4
Kandidaten	Stimmen	Stimmen	Stimmen	Stimmen
Brandt	17	16		
Cherk	24	24	26	
Dünnebacke	41	41	43	47
Lehmann	5			
Prochnow	12	17	30	48
Enthaltungen	1	2	1	4
Ungültig	0	0	0	1
Stimmberechtigt	100	100	100	100

Bei diesem Verfahren scheidet in jedem Wahlgang der Kandidat mit den wenigsten Stimmen aus. Dies Verfahren wird fortgesetzt, bis ein Kandidat die einfache Mehrheit (d.h. ohne Enthaltungen und ungültige Stimmen) erreicht hat. Dies kann allerdings auch schon im ersten Wahlgang der Fall sein. Gewählt ist Prochnow im 4. Wahlgang.

Beschlüsse der Mitgliederversammlung

Beschlüsse der Mitgliederversammlung werden in einer Versammlung gefasst. Das heißt, es ist die körperliche Anwesenheit der Mitglieder erforderlich. Die Mitgliederversammlung ist kein zufälliges Zusammentreffen, sondern zu ihr muss form- und fristgerecht eingeladen werden.

Bei Vereinen, deren Mitgliedern verstreut im Lande wohnen, kann es sinnvoll sein, das schriftliche oder elektronische Abstimmungsverfahren zuzulassen. Dieses Verfahren ist nur möglich, wenn es in der Satzung verankert wurde. Sie sollten dabei festlegen, dass mindestens 50 Prozent (oder eine Ihnen angemessen erscheinende Prozentzahl) der Mitglieder schriftlich abstimmen, wenn der Beschluss gültig sein soll.

Beschlüsse des Vereins oder der Mitgliederversammlung werden grundsätzlich zum Zeitpunkt der Beschlussfassung wirksam. Ausnahme sind satzungsändernde Beschlüsse, die erst mit der Eintragung ins Vereinsregister wirksam werden (§ 71 BGB). Die Wahl einer Person wird erst mit Annahme durch die gewählte Person wirksam

Fehlerhafte Versammlungsbeschlüsse

Fehlerhafte Versammlungsbeschlüsse können aus ihrer Art heraus nichtig sein oder sie müssen zu ihrer Unwirksamkeit angefochten werden. Die Abgrenzung ist nicht immer einfach.

Auf jeden Fall nichtig sind Versammlungsbeschlüsse, wenn sie gegen ein gesetzliches Verbot verstoßen (z.B. Die Mitgliederversammlung beschließt, in Zukunft ohne einen Vorstand nach § 26 BGB zu arbeiten, sondern dessen Aufgaben durch jeweils das Mitglied ausüben zu lassen, das Zeit hat und sich dazu berufen fühlt. Dieser Beschluss ist nichtig von Anfang an, ein Verein muss einen Vorstand haben, § 26 Abs. 1 BGB).

Nichtig sind auch Versammlungsbeschlüsse die sittenwidrig sind oder in Widerspruch mit unabdingbaren vereinsrechtlichen Vorschriften stehen oder die gegen Bestimmungen verstoßen, die der ordnungsgemäßen Willensbildung dienen. (Beispiel: Zu einer Mitgliederversammlung werden nur ausgesuchte Mitglieder eingeladen. Die auf dieser Versammlung gefassten Beschlüsse sind nichtig von Anfang an und entfalten keinerlei Rechtswirkung. Gleiches gilt für einen Beschluss, der nicht oder ungenau in der Tagesordnung bezeichnet wurde.)

Bis zu einer Anfechtung gültig sind Beschlüsse, die fehlerhaft sind, aber hauptsächlich die Interessen einzelner Mitglieder berühren. (Beispiel: Ein Mitglied wird aus dem Verein ausgeschlossen, ohne vorher die Möglichkeit einer Stellungnahme gehabt zu haben. Das Mitglied muss diesen Beschluss Anfechten, sonst ist er gültig. Wird er erfolgreich angefochten, ist er nichtig von Anfang an. Das Vereinsmitglied war also ununterbrochen im Verein).

Ein nichtiger Beschluss kann nur geheilt werden, wenn er durch einen neuen, jetzt rechtswirksamen Beschluss ersetzt wird. Die versehentliche Eintragung eines nichtigen Beschlusses in das Vereinsregister macht ihn nicht rechtswirksam. Die Nichtigkeit eines Beschlusses kann von jedem Vereinsmitglied durch Feststellungsklage gegen den Verein geltend gemacht werden.

Anfechtungsfrist im Verein

Die Frist bis zu der eine Anfechtung möglich ist wurde vom Oberlandesgericht Saarbrücken spezifiziert. So hat der Anfechtungsberechtigte nach einem Urteil aus 2008 jetzt nur noch einen Monat Zeit, seine Anfechtung gegenüber dem Anfechtungsgegner zu erklären. Das Gericht begründet dies mit dem legitimen Interesse des Vereins an Rechtsklarheit und Rechtssicherheit. Aufgrund seiner Treuepflichten gegenüber dem Verein ist dem Vereinsmitglied zuzumuten, innerhalb einer Frist von einem Monat eine Anfechtungsklage zu erheben. Einer später erhobenen Klage würde der Einwand der Verwirklichung des Klagerechts entgegenstehen.

Treue- und Förderpflichten von Vereinsmitgliedern

Unterwerfung unter die Vereinssatzung

Mit dem Erwerb einer Mitgliedschaft im Verein erkennen die Mitgliedern den satzungsmäßigen Vereinszweck am. Innerhalb ihrer Mitgliedschaft im Verein müsse sich den Vereinsinteressen unterordnen und die hierarchischen Strukturen des Vereins akzeptieren. Sie haben eine Treue- und Förderpflicht dem Verein gegenüber, die über ihre in der Satzung geregelten Pflichten und sogar über die Grundsätze von Treu und Glauben (§ 242 BGB) hinausgehen.

Treuepflicht

Treuepflicht heißt, alles zu unterlassen was dem Verein schadet und sich mit dem Verein gegenüber loyal zu verhalten. Förderpflicht bedeutet, im Rahmen der eigenen Möglichkeiten und dem Vereinszweck angemessen den Verein zu fördern.
Die Treuepflicht gegenüber dem Verein verlangt, sich innerhalb und außerhalb des Vereins nicht gegen die Vereinszwecke zuwenden. Ein Verstoß gegen diesen Grundsatz ist zum Beispiel, wenn ein Vereinsmitglied einem konkurrierenden Vereinen beitritt oder für diesen konkurrierenden Vereine wirbt. Kein Verstoß gegen die Treuepflicht liegt vor, wenn ein Vereinsmitglied sich innerhalb der Vereinsorganisation kritisch äußert oder sich mit seiner Meinung gegen den Vorstand stellt. Allerdings müssen alle Mitglieder satzungsmäßig gefasste Beschlüsse beachten, auch wenn sie diesen nicht zugestimmt haben.

Förderpflicht

Die Verpflichtung, den Vereinszweck aktiv zu fördern, bedeutet, dass ein Mitglied an den Veranstaltungen seines Vereins teilzunehmen hat, wenn diese der Erfüllung des Vereinszwecks dient. Auch die aktive Mithilfe bei der Vorbereitung solcher Veranstaltungen kann von einem Mitglied im Rahmen der Förderpflichten verlangt werden. Ein aktives Mitglied der Freiwilligen Feuerwehr ist verpflichtet, sich im Rahmen der Übungsstunden weiterzubilden. Die Förderpflicht bedeutet aber auch, den Handlungen des Vorstandes oder anderer Verantwortlicher des Vereins aktiv entgegenzutreten (im Rahmen der gesetzlichen und satzungsmäßigen Möglichkeiten), wenn durch diese Handlungen Gefahren für den Verein drohen. (Beispiel: Die Fußballabteilung eines Mehrspartenvereins verpflichtet neue Spieler ohne ein entsprechendes Finanzierungskonzept.)

Sanktionen

Verstößt ein Vereinsmitglied gegen die Treuepflichten oder gegen die Förderpflichten, kann im Rahmen der Vereinsgerichtsbarkeit gegen das Mitglied vorgegangen werden. Dies bedeutet auch, wenn andere Möglichkeiten nicht mehr gegeben sind, das Mitglied aus dem Verein auszuschließen. In besonderen Fällen kann dies sogar zu einem Schadensersatzanspruch des Vereins führen.

Gesetzestexte

Grundgesetz (Auszug)

Artikel 9 (Vereinigungsfreiheit)
Absatz 1: Alle Deutschen haben das Recht, Vereine und Gesellschaften zu bilden.
Absatz 2: Vereinigungen, deren Zwecke oder deren Tätigkeit den Strafgesetzen zuwiderlaufen oder die sich gegen die verfassungsmäßige Ordnung oder gegen den Gedanken der Völkerverständigung richten, sind verboten.

Art. 19 (Einschränkung von Grundrechten)
Absatz 2: In keinem Falle darf ein Grundrecht in seinem Wesensgehalt angetastet werden.
Absatz 3: Die Grundrechte gelten auch für inländische juristische Personen, soweit sie ihrem Wesen nach auf diese anwendbar sind.

Auszüge aus dem BGB mit Kommentar

§ 12(Namensrecht)

Wird das Recht zum Gebrauch eines Namens dem Berechtigten von einem anderen bestritten oder wird das Interesse des Berechtigten dadurch verletzt, dass ein anderer unbefugt den gleichen Namen gebraucht, so kann der Berechtigte von dem anderen Beseitigung der Beeinträchtigung verlangen. Sind weitere Beeinträchtigungen zu besorgen, so kann er auf Unterlassung klagen.
Kommentar
Achten Sie darauf, dass der von Ihnen ausgewählte Name Ihres Vereins nicht bereits von einem anderen Verein oder Unternehmen benutzt wird.

§ 26 (Vertretung des Vereins durch den Vorstand)

(1) Der Verein muss einen Vorstand haben. Der Vorstand kann aus mehreren Personen bestehen.
(2) Der Vorstand vertritt den Verein gerichtlich und außergerichtlich; er hat die Stellung eines gesetzlichen Vertreters. Der Umfang seiner Vertretungsmacht kann durch die Satzung mit Wirkung gegen Dritte beschränkt werden
Kommentar
(1)Jeder Verein muss zwingend einen Vorstand haben, der den Verein vertritt und im Namen des Vereins rechtsgeschäftliche Handlungen vornimmt. Die nach innen gerichtete Geschäftsführung kann anders geregelt sein.
Grundsätzlich kann jede natürliche Person, die das 7. Lebensjahr vollendet hat, und damit beschränkt geschäftsfähig ist, Vorstand eines Vereins werden. Ebenso können Ausländer ein Vorstandsamt bekleiden. Die Satzung kann jedoch ein Mindestalter vorschreiben. Unter Beachtung des Diskriminierungsverbots kann die Satzung Einschränkungen der Vorstandsfähigkeit vorsehen. Der Vorstand kann auch aus einer Person bestehen
(2) .Wenn nicht anders geregelt, müssen alle Vorstandsmitglieder gemeinsam handeln. Da dies jedoch relativ unpraktikabel ist, schreibt die Satzung meistens eine andere Regelung vor. In der Satzung kann Ihre Vertretungsmacht auch in der Sache rechtswirksam gegenüber Dritten eingeschränkt werden, indem bestimmte Geschäfte überhaupt verboten werden, z.B. Grundstückskäufe, Geldanlagen außerhalb von Kreditinstituten bestimmte Geschäfte eines Beschlusses der Mitgliederversammlung bedürfen, z.B. Kreditaufnahmen, Einstellung von hauptamtliche Mitarbeitern

§ 27 (Konstitutionierung und Kompetenz des Vorstandes)

(1) Die Bestellung des Vorstandes erfolgt durch Beschluss der Mitgliederversammlung.
(2) Die Bestellung ist jederzeit widerruflich, unbeschadet des Anspruchs auf die vertragsmäßige Vergütung. Die Widerruflichkeit kann durch die Satzung auf den Fall beschränkt werden, dass ein wichtiger Grund für den Widerruf vorliegt; ein solcher Grund ist insbesondere grobe Pflichtverletzung oder Unfähigkeit zur ordnungsmäßigen Geschäftsführung.
(3) Auf die Geschäftsführung des Vorstandes finden die für den Auftrag geltenden Vorschriften der §§ 664 bis 670 BGB entsprechende Anwendung.
Kommentar
(1) Die Bestellung des Vorstands erfolgt i.d.R. durch Beschluss mit einfacher Mehrheit in der Mitgliederversammlung. Die Satzung kann jedoch andere Regelungen vorsehen, z.B. Bestellung durch einen Beirat oder durch ein Kuratorium. Zulässig ist auch die teilweise Ergänzungswahl durch den Vorstand selbst. Unter bestimmten Voraussetzungen (z.B. bei engen rechtlichen und tatsächlichen Beziehungen) ist sogar die Bestellung durch einen Dritten möglich.
(2) Der Vorstand kann jederzeit, auch ohne Angabe von Gründen, abberufen werden. Er kann aber auch jederzeit zurücktreten. ein Rücktritt zur Unzeit, z.B. kurz vor einer von ihm organisierten großen Vereinsveranstaltung, kann ihn jedoch dann u.U. schadensersatzpflichtig machen.
(3) die Satzung kann andere Bestimmungen enthalten, siehe aber auch weiter unten.

§ 28 (Fassung der Beschlüsse)

(1) Besteht der Vorstand aus mehreren Personen, so erfolgt die Beschlussfassung nach den für die Beschlüsse der Mitglieder des Vereins geltenden Vorschriften der §§ 32, 34.
(2) Ist eine Willenserklärung dem Vereine gegenüber abzugeben, so genügt die Abgabe gegenüber einem Mitgliede des Vorstandes.
Kommentar
(2) Nicht eingeschränkt werden kann der Vorstand in der so genannten Passivvertretung. Das heißt, die Abgabe einer Willenserklärung einem Vorstandsmitglied gegenüber muss der gesamte Vorstand und damit der Verein gegen sich gelten lassen. Die Kündigung einer Mitgliedschaft, falls sie nicht formgebunden ist, kann mit rechtlicher Wirkung auch nur einem Vorstandsmitglied gegenüber erklärt werden.

§ 29 (Amtsgerichtliche Notbestellung)

Soweit die erforderlichen Mitglieder des Vorstandes fehlen, sind sie in dringenden Fällen für die Zeit bis zur Behebung des Mangels auf Antrag eines Beteiligten von dem Amtsgericht zu bestellen, das für den Bezirk, in dem der Verein seinen Sitz hat, das Vereinsregister führt.
Kommentar
Nur, wenn sofortiges Handeln erforderlich ist, um Schaden vom Verein und anderen abzuwehren und der Verein sonst nicht handlungsfähig ist. (z.B. Vorstand ist zurückgetreten, wg. Überschuldung muss Konkursantrag gestellt werden.)
Zuständig ist der Rechtspfleger beim Amtsgericht, der jedoch nur auf Antrag eines Vereinsmitgliedes, eines Gläubigers oder von jedem, der ein Recht gegen den Verein verfolgt, tätig werden darf. Ein Antrag kann gestellt werden, wenn der Verein handlungsunfähig ist durch Tod, längere Krankheit, längere Abwesenheit oder grundsätzlich Verweigerung der Geschäftsführung eines, mehrerer oder aller Vorstandsmitglieder.
Ein Antragsgrund liegt nicht vor, wenn der Vorstand in bestimmten Fällen ein Handeln ablehnt, wenn es Differenzen innerhalb des Vorstands gibt, der Vorstand vermeintlich Unfähig ist sogar treuwidrige Handlungen vornimmt. Hier muss zunächst der Verein im Rahmen seiner Möglichkeiten tätig werden.

§ 30 (Durch Satzung bestellbare besondere Vertreter)

Durch die Satzung kann bestimmt werden, dass neben dem Vorstande für gewisse Geschäfte besondere Vertreter zu bestellen sind. Die Vertretungsmacht eines solchen Vertreters erstreckt sich im Zweifel auf alle Rechtsgeschäfte, die der ihm zugewiesene Geschäftskreis gewöhnlich mit sich bringt.

Kommentar

Es gibt es im Verein vielfältige Aufgaben, die nicht immer vom Vorstand erledigt werden müssen. Nehmen wir zum Beispiel die Aufgaben der Abteilungsleiter in einem Mehrspartenverein, des Jugendwartes, des Verantwortlichen für das Clubheim oder eines außerhalb des Vorstands beauftragten Geschäftsführers oder des Leiters der Vereinsgeschäftsstelle.

Das Vereinsrecht kennt hierfür den „besonderen Vertreter". Hiernach kann der Vorstand diesem Personenkreis nicht nur interne Entscheidungskompetenz übertragen, sondern nach satzungsgemäßer Legitimation können diese den Verein auch nach außen Vertreten und für ihn rechtsverbindlich Geschäfte abschließen. Voraussetzung ist, das in der Satzung entweder festgelegt ist, dass besondere Vertreter von der Mitgliederversammlung gewählt werden können, oder dass der Vorstand besondere Vertreter ernennen und abberufen kann.

Der besondere Vertreter hat die Stellung eines Vorstandes nach § 26 BGB und ist damit ein vertretungsberechtigtes Organ des Vereins, die Vertretungsmacht erstreckt sich jedoch nur auf die Rechtsgeschäfte, die der zugewiesene Aufgabenbereich gewöhnlich mit sich bringt. Da solche Geschäfte den Verein natürlich binden, sollte die Vertretungsmacht beschränkt werden, etwa durch eine schriftlich erteilte Vollmacht oder, dann mit verbindlicher Außenwirkung, durch Darlegung der Beschränkung in der Satzung.

§ 31 (Vereinshaftung)

Der Verein ist für den Schaden verantwortlich, den der Vorstand, ein Mitglied des Vorstandes oder ein anderer verfassungsmäßig berufener Vertreter durch eine in Ausführung der ihm zustehenden Verrichtungen begangene, zum Schadensersatze verpflichtende Handlung einem Dritten zufügt.

Kommentar

Tritt überall dort ein, wo auch eine natürliche Person schadensersatzpflichtig wäre. Die Haftung kann u.a. entstehen durch unerlaubte Handlung, mangelnde Verkehrsicherungspflicht, unterlassenen Aufsichtspflicht. Der Verein haftet auch bei vorliegen der sog. Anscheinsvollmacht oder Duldungsvollmacht.

§ 31a (Haftung von Organmitgliedern und besonderen Vertretern)

(1) Sind Organmitglieder oder besondere Vertreter unentgeltlich tätig oder erhalten sie für ihre Tätigkeit eine Vergütung, die 720 Euro jährlich nicht übersteigt, haften sie dem Verein für einen bei der Wahrnehmung ihrer Pflichten verursachten Schaden nur bei Vorliegen von Vorsatz oder grober Fahrlässigkeit. Satz 1 gilt auch für die Haftung gegenüber den Mitgliedern des Vereins. Ist streitig, ob ein Organmitglied oder ein besonderer Vertreter einen Schaden vorsätzlich oder grob fahrlässig verursacht hat, trägt der Verein oder das Vereinsmitglied die Beweislast.

(2) Sind Organmitglieder oder besondere Vertreter nach Absatz 1 Satz 1 einem anderen zum Ersatz eines Schadens verpflichtet, den sie bei der Wahrnehmung ihrer Pflichten verursacht haben, so können sie von dem Verein die Befreiung von der Verbindlichkeit verlangen. Satz 1 gilt nicht, wenn der Schaden vorsätzlich oder grob fahrlässig verursacht wurde.

Kommentar

Die interne Haftung des Vorstands (§31a) besteht gegenüber dem Verein und den Vereinsmitgliedern. Dieses Risiko wird für den unentgeltlich oder gegen eine geringe Vergütung bis 720 € jährlich tätigen Vereinsvorstand begrenzt. Er ist nur noch für Schäden verantwortlich, wenn er in Wahrnehmung seiner Vorstandspflichten vorsätzlich oder grob fahrlässig handelt.

In § 31a Abs. 2 BGB wird die Haftungsfreistellung klargestellt. Ein unentgeltlich oder gegen eine geringe Vergütung bis 500 € jährlich tätiger Vereinsvorstand hat Anspruch auf Haftungsfreistellung gegen den Verein, wenn er von Dritten auf Ersatz eines in Wahrnehmung seiner Vorstandspflichten verursachten Schadens in Anspruch genommen wird. Dies gilt nicht, wenn er den Schaden vorsätzlich oder grob fahrlässig verursacht. Hinweis: Es ist nicht möglich, vorsätzlich leicht fahrlässig zu handeln.

§ 31b (Haftung von Vereinsmitgliedern)

(1) Sind Vereinsmitglieder unentgeltlich für den Verein tätig oder erhalten sie für ihre Tätigkeit eine Vergütung, die 720 Euro jährlich nicht übersteigt, haften sie dem Verein für einen Schaden, den sie bei der Wahrnehmung der ihnen übertragenen satzungsgemäßen Vereinsaufgaben verursachen, nur bei Vorliegen von Vorsatz oder grober Fahrlässigkeit. § 31a Absatz 1 Satz 3 ist entsprechend anzuwenden.
(2) Sind Vereinsmitglieder nach Absatz 1 Satz 1 einem anderen zum Ersatz eines Schadens verpflichtet, den sie bei der Wahrnehmung der ihnen übertragenen satzungsgemäßen Vereinsaufgaben verursacht haben, so können sie von dem Verein die Befreiung von der Verbindlichkeit verlangen. Satz 1 gilt nicht, wenn die Vereinsmitglieder den Schaden vorsätzlich oder grob fahrlässig verursacht haben.

Kommentar
Der § 31b erweitert die teilweise Haftungsfreistellung auch auf Vereinsmitglieder, wenn diese für den Verein unentgeltlich oder im Rahmen der Ehrenamtspauschale tätig sind. Soweit sie bei einer Tätigkeit für den Verein Schadensersatzpflichtig werden, können sie vom Verein der Freistellung verlangen. Diese Freistellung ist jedoch nur Theorie, wenn der Verein nicht über entsprechendes Vermögen oder eine diese Fälle umfassende Versicherung verfügt.

§ 32 (Mitgliederversammlung)

Absatz 1: Die Angelegenheiten des Vereins werden, so weit sie nicht von den Vorstand oder einem anderen Vereinsorgan zu besorgen sind, durch Beschlussfassung in einer Versammlung der Mitglieder geordnet. Zur Gültigkeit des Beschlusses ist erforderlich, dass der Gegenstand bei der Berufung bezeichnet wird. Bei der Beschlussfassung entscheidet die Mehrheit der erschienenen Mitglieder.
Absatz 2: Auch ohne Versammlung der Mitglieder ist ein Beschluss gültig, wenn alle Mitglieder ihre Zustimmung zu dem Beschluss schriftlich erklären.
Kommentar
Grundsätzlich sind die Beschlüsse der Mitgliederversammlung in einer Versammlung von den dort Anwesenden stimmberechtigten Mitgliedern durch Mehrheitsbeschluss zu fassen. Enthaltungen werden dabei nicht mitgezählt, sondern nur die „Ja“ und „Nein“ – Stimmen gegenübergestellt. Vorraussetzung ist, das in der Einladung (Tagesordnung) die Anträge genannt und so bezeichnet werden, dass die Mitglieder sich vorher etwa vorstellen können, was beabsichtigt ist. Also nicht nur „Satzungsänderung“ sondern „Änderung des § 7 der Satzung“. Das schriftliche Verfahren ist nur möglich, wenn es nach der Satzung erlaubt ist, oder alle Mitglieder dem Verfahren zustimmen.

§ 33 (Satzungsänderung)

(1) Zu einem Beschluss, der eine Änderung der Satzung enthält, ist eine Mehrheit von drei Vierteln der abgegebenen Stimmen erforderlich. Zur Änderung des Zweckes des Vereins ist die Zustimmung aller Mitglieder erforderlich; die Zustimmung der nicht erschienenen Mitglieder muss schriftlich erfolgen.
(2) Beruht die Rechtsfähigkeit des Vereins auf Verleihung, so ist zu jeder Änderung der Satzung die Genehmigung der zuständigen Behörde erforderlich.
Kommentar
In der Satzung können andere qualifizierte Mehrheiten festgelegt werden.

§ 34 (Ausschluss vom Stimmrecht)

Ein Mitglied ist nicht stimmberechtigt, wenn die Beschlussfassung die Vornahme eines Rechtsgeschäfts mit ihm oder die Einleitung oder Erledigung eines Rechtsstreits zwischen ihm und dem Verein betrifft.
Kommentar
Vermerken Sie im Protokoll, wenn ein Mitglied wegen Befangenheit an der Beschlussfassung nicht teilgenommen hat.

§ 35 (Sonderrechte)

Sonderrechte eines Mitgliedes können nicht ohne dessen Zustimmung durch Beschluss der Mitgliederversammlung beeinträchtigt werden.

§ 36 (Berufung der Mitgliederversammlung)

Die Mitgliederversammlung ist in den durch die Satzung bestimmten Fällen sowie dann zu berufen, wenn das Interesse des Vereins es erfordert.

Kommentar

Im Interesse des Vereins ist die Einberufung einer Mitgliederversammlung z.B. dann, wenn durch äußere oder innere Einflüsse der Bestand des Vereins gefährdet ist.

§ 37 (Berufung auf Verlangen einer Minderheit)

Absatz 1: Die Mitgliederversammlung bis zu berufen, wenn der durch die Satzung bestimmte Teile oder in Ermangelung einer Bestimmung der zehnte Teil der Mitglieder die Berufung schriftlich unter Angabe des zwecks Untergründe verlangt.

Kommentar

Sie können diese Quote in der Satzung mit einem anderen Wert oder auch mit einer absoluten Zahl festlegen.

§ 68 (" Negative Publizität ")

Wird zwischen den bisherigen Mitgliedern des Vorstandes und einem Dritten ein Rechtsgeschäft vorgenommen, so kann die Änderung des Vorstandes dem Dritten nur entgegengesetzt werden, wenn sie zur Zeit der Vornahme des Rechtsgeschäfts im Vereinsregister eingetragen oder dem Dritten bekannt ist. Ist die Änderung eingetragen, so braucht der Dritte sie nicht gegen sich gelten zu lassen, wenn er sie nicht kennt, seine Unkenntnis auch nicht auf Fahrlässigkeit beruht.

§ 70 (Beschränkung der Vertretungsmacht; Beschlussfassung)

Die Vorschriften des Paragraphen 68 gelten auch für Bestimmungen, den Umfang Stellvertretungsmacht des Vorstandes beschränken oder die Beschlussfassung des Vorstandes abweichend von der Vorschrift des Paragraphen 28 Absatz 1 regeln.

§ 71 (Änderung der Satzung)

Absatz 1: Änderungen der Satzung bedürfen zu ihrer Wirksamkeit der Eintragung in das Vereinsregister. Die Änderung ist von dem Vorstand zur Eintragung anzumelden. Der Anmeldung ist der die Änderung enthalten Beschluss in Urschrift und Abschrift beizufügen.

§278 (Verschulden des Erfüllungsgehilfen)

Der Schuldner hat ein Verschulden seines gesetzlichen Vertreters und der Personen, deren er sich zur Erfüllung seiner Verbindlichkeit bedient, in gleichem Umfange zu vertreten wie eigenes Verschulden...

§664 (Übertragung; Haftung für Gehilfen)

Absatz 1: Der Beauftragte darf im Zweifel die Ausführung des Auftrags nicht einem Dritten übertragen. Ist die Übertragung gestattet, so hat er nur ein ihm zur Last fallendes Verschulden zu vertreten. Für das Verschulden eines Gehilfen ist er nach §278 verantwortlich.

Absatz 2: Der Anspruch auf Ausführung des Auftrags ist im Zweifel nicht übertragbar.

§665 (Abweichung von Weisungen)

Der Beauftragte ist berechtigt, von den Weisungen des Auftraggebers abzuweichen, wenn er den Umständen nach annehmen darf, dass der Auftraggeber bei Kenntnis der Sachlage die Abweichung billigen würde. Der Beauftragte hat vor der Abweichung dem Auftraggeber Anzeige zu machen und dessen Entschließung abzuwarten, wenn nicht mit dem Aufschub Gefahr verbunden ist.

§666 (Auskunfts - und Rechenschaftspflicht)

Der Beauftragte ist verpflichtet, dem Auftraggeber die erforderlichen Nachrichten zu geben, auf Verlangen über den Stand des Geschäfts Auskunft zu erteilen und nach der Ausführung des Auftrags Rechenschaft abzulegen.

§667 (Herausgabepflicht des Beauftragten)

Der Beauftragte ist verpflichtet, dem Auftraggeber alles, was er zur Ausführung des Auftrags erhält und was er aus der Geschäftsbesorgung verlangt, herauszugeben.

§669 (Vorschusspflicht)

Für die zur Ausführung des Auftrags erforderlichen Aufwendungen hat der Auftraggeber dem Beauftragten auf Verlangen Vorschuss zu leisten.

§670 (Ersatz von Aufwendungen)

Macht der Beauftragte zum Zwecke der Ausführung des Auftrags Aufwendungen, die er den Umständen nach für erforderlich halten darf, so ist der Auftraggeber zum Ersatz verpflichtet.

Paragraph 831 (Haftung für den Verrichtungsgehilfen)

Absatz 1: Wer einen anderen zu einer Verrichtung bestellt, ist zum Ersatze des Schadens verpflichtet, den der andere in Ausführung der Verrichtung einem Dritten widerrechtlich zugefügt. Die Ersatzpflicht tritt nicht ein, wenn der Geschäftsherr bei der Auswahl der bestellten Personen und, sofern er Vorrichtungen oder Gerätschaften zu beschaffen oder die Ausführung der Verrichtung zu leiten hat, bei der Beschaffung oder Leitung die im Verkehr erforderliche Sorgfalt beobachtet oder wenn der Schaden auch bei Anwendung dieser Sorgfalt entstanden sein würde.
Absatz 2: Die gleiche Verantwortlichkeit trifft denjenigen, welcher für den Geschäftsherrn die Besorgung eines der im Absatz 1 Satz 2 bezeichneten Geschäfte durch Vertrag übernimmt.

Abgabenordnung (Auszüge)

§ 14 Wirtschaftlicher Geschäftsbetrieb

Ein wirtschaftlicher Geschäftsbetrieb ist eine selbständige nachhaltige Tätigkeit, durch die Einnahmen oder andere wirtschaftliche Vorteile erzielt werden und die über den Rahmen einer Vermögensverwaltung hinausgeht. Die Absicht, Gewinn zu erzielen, ist nicht erforderlich. Eine Vermögensverwaltung liegt in der Regel vor, wenn Vermögen genutzt, zum Beispiel Kapitalvermögen verzinslich angelegt oder unbewegliches Vermögen vermietet oder verpachtet wird.

Dritter Abschnitt

Steuerbegünstigte Zwecke

§ 51 Allgemeines

(1) Gewährt das Gesetz eine Steuervergünstigung, weil eine Körperschaft ausschließlich und unmittelbar gemeinnützige, mildtätige oder kirchliche Zwecke (steuerbegünstigte Zwecke) verfolgt, so gelten die folgenden Vorschriften. Unter Körperschaften sind die Körperschaften, Personenvereinigungen und Vermögensmassen im Sinne des Körperschaftsteuergesetzes zu verstehen. Funktionale Untergliederungen (Abteilungen) von Körperschaften gelten nicht als selbstständige Steuersubjekte.

(2) Werden die steuerbegünstigten Zwecke im Ausland verwirklicht, setzt die Steuervergünstigung voraus, dass natürliche Personen, die ihren Wohnsitz oder ihren gewöhnlichen Aufenthalt im Geltungsbereich dieses Gesetzes haben, gefördert werden oder die Tätigkeit der Körperschaft neben der Verwirklichung der steuerbegünstigten Zwecke auch zum Ansehen der Bundesrepublik Deutschland im Ausland beitragen kann.

(3) Eine Steuervergünstigung setzt zudem voraus, dass die Körperschaft nach ihrer Satzung und bei ihrer tatsächlichen Geschäftsführung keine Bestrebungen im Sinne des § 4 des Bundesverfassungsschutzgesetzes fördert und dem Gedanken der Völkerverständigung nicht zuwiderhandelt. Bei Körperschaften, die im Verfassungsschutzbericht des Bundes oder eines Landes als extremistische Organisation aufgeführt sind, ist widerlegbar davon auszugehen, dass die Voraussetzungen des Satzes 1 nicht erfüllt sind. Die Finanzbehörde teilt Tatsachen, die den Verdacht von Bestrebungen im Sinne des § 4 des Bundesverfassungsschutzgesetzes oder des Zuwiderhandelns gegen den Gedanken der Völkerverständigung begründen, der Verfassungsschutzbehörde mit.

§ 52 Gemeinnützige Zwecke

(1) Eine Körperschaft verfolgt gemeinnützige Zwecke, wenn ihre Tätigkeit darauf gerichtet ist, die Allgemeinheit auf materiellem, geistigem oder sittlichem Gebiet selbstlos zu fördern. Eine Förderung der Allgemeinheit ist nicht gegeben, wenn der Kreis der Personen, dem die Förderung zugute kommt, fest abgeschlossen ist, zum Beispiel Zugehörigkeit zu einer Familie oder zur Belegschaft eines Unternehmens, oder infolge seiner Abgrenzung, insbesondere nach räumlichen oder beruflichen Merkmalen, dauernd nur klein sein kann. Eine Förderung der Allgemeinheit liegt nicht allein deswegen vor, weil eine Körperschaft ihre Mittel einer Körperschaft des öffentlichen Rechts zuführt.

(2) Unter den Voraussetzungen des Absatzes 1 sind als Förderung der Allgemeinheit anzuerkennen:

1. die Förderung von Wissenschaft und Forschung;2. die Förderung der Religion;

3. die Förderung des öffentlichen Gesundheitswesens und der öffentlichen Gesundheitspflege, insbesondere die Verhütung und Bekämpfung von übertragbaren Krankheiten, auch durch Krankenhäuser im Sinne des § 67, und von Tierseuchen;

4. die Förderung der Jugend- und Altenhilfe;

5. die Förderung von Kunst und Kultur;

6. die Förderung des Denkmalschutzes und der Denkmalpflege;

7. die Förderung der Erziehung, Volks- und Berufsbildung einschließlich der Studentenhilfe;

8. die Förderung des Naturschutzes und der Landschaftspflege im Sinne des Bundesnaturschutzgesetzes und der Naturschutzgesetze der Länder, des Umweltschutzes, des Küstenschutzes und des Hochwasserschutzes;

9. die Förderung des Wohlfahrtswesens, insbesondere der Zwecke der amtlich anerkannten Verbände der freien Wohlfahrtspflege (§ 23 der Umsatzsteuer-Durchführungsverordnung), ihrer Unterverbände und ihrer angeschlossenen Einrichtungen und Anstalten;

10. die Förderung der Hilfe für politisch, rassisch oder religiös Verfolgte, für Flüchtlinge, Vertriebene, Aussiedler, Spätaussiedler, Kriegsopfer, Kriegshinterbliebene, Kriegsbeschädigte und Kriegsgefangene, Zivilbeschädigte und Behinderte sowie Hilfe für Opfer von Straftaten; Förderung des Andenkens an Verfolgte, Kriegs- und Katastrophenopfer; Förderung des Suchdienstes für Vermisste;

11. die Förderung der Rettung aus Lebensgefahr;

12. die Förderung des Feuer-, Arbeits-, Katastrophen- und Zivilschutzes sowie der Unfallverhütung;

13. die Förderung internationaler Gesinnung, der Toleranz auf allen Gebieten der Kultur und des Völkerverständigungsgedankens;

14. die Förderung des Tierschutzes;

15. die Förderung der Entwicklungszusammenarbeit;

16. die Förderung von Verbraucherberatung und Verbraucherschutz;

17. die Förderung der Fürsorge für Strafgefangene und ehemalige Strafgefangene;

18. die Förderung der Gleichberechtigung von Frauen und Männern;

19. die Förderung des Schutzes von Ehe und Familie;

20. die Förderung der Kriminalprävention;

21. die Förderung des Sports (Schach gilt als Sport);

22. die Förderung der Heimatpflege und Heimatkunde;

23. die Förderung der Tierzucht, der Pflanzenzucht, der Kleingärtnerei, des traditionellen Brauchtums einschließlich des Karnevals, der Fastnacht und des Faschings, der Soldaten- und Reservistenbetreuung, des Amateurfunkens, des Modellflugs und des Hundesports;

24. die allgemeine Förderung des demokratischen Staatswesens im Geltungsbereich dieses Gesetzes; hierzu gehören nicht Bestrebungen, die nur bestimmte Einzelinteressen staatsbürgerlicher Art verfolgen oder die auf den kommunalpolitischen Bereich beschränkt sind;

25. die Förderung des bürgerschaftlichen Engagements zugunsten gemeinnütziger, mildtätiger und kirchlicher Zwecke.

Sofern der von der Körperschaft verfolgte Zweck nicht unter Satz 1 fällt, aber die Allgemeinheit auf materiellem, geistigem oder sittlichem Gebiet entsprechend selbstlos gefördert wird, kann dieser Zweck für gemeinnützig erklärt werden. Die obersten Finanzbehörden der Länder haben jeweils eine Finanzbehörde im Sinne des Finanzverwaltungsgesetzes zu bestimmen, die für Entscheidungen nach Satz 2 zuständig ist.

§ 53 Mildtätige Zwecke

Eine Körperschaft verfolgt mildtätige Zwecke, wenn ihre Tätigkeit darauf gerichtet ist, Personen selbstlos zu unterstützen,

1. die infolge ihres körperlichen, geistigen oder seelischen Zustands auf die Hilfe anderer angewiesen sind oder

2. deren Bezüge nicht höher sind als das Vierfache des Regelsatzes der Sozialhilfe im Sinne des § 28 des Zwölften Buches Sozialgesetzbuch; beim Alleinstehenden oder Alleinerziehenden tritt an die Stelle des Vierfachen das Fünffache des Regelsatzes. Dies gilt nicht für Personen, deren Vermögen zur nachhaltigen Verbesserung ihres Unterhalts ausreicht und denen zugemutet werden kann, es dafür zu verwenden. Bei Personen, deren wirtschaftliche Lage aus besonderen Gründen zu einer Notlage geworden ist, dürfen die Bezüge oder das Vermögen die genannten Grenzen übersteigen. Bezüge im Sinne dieser Vorschrift sind

a) Einkünfte im Sinne des § 2 Abs. 1 des Einkommensteuergesetzes und

b) andere zur Bestreitung des Unterhalts bestimmte oder geeignete Bezüge,

aller Haushaltsangehörigen. Zu berücksichtigen sind auch gezahlte und empfangene Unterhaltsleistungen. Die wirtschaftliche Hilfebedürftigkeit im vorstehenden Sinne ist bei Empfängern von Leistungen nach dem Zweiten oder Zwölften Buch Sozialgesetzbuch, des Wohngeldgesetzes, bei Empfängern von Leistungen nach § 27a des Bundesversorgungsgesetzes oder nach § 6a des Bundeskindergeldgesetzes als nachgewiesen anzusehen. Die Körperschaft kann den Nachweis mit Hilfe des jeweiligen Leistungsbescheids, der für den Unterstützungszeitraum maßgeblich ist, oder mit Hilfe der Bestätigung des Sozialleistungsträgers führen. Auf Antrag der Körperschaft kann auf einen Nachweis der wirtschaftlichen Hilfebedürftigkeit verzichtet werden, wenn auf Grund der besonderen Art der gewährten Unterstützungsleistung sichergestellt ist, dass nur wirtschaftlich hilfebedürftige Personen im vorstehenden

Sinne unterstützt werden; für den Bescheid über den Nachweisverzicht gilt § 60a Absatz 3 bis 5 entsprechend.

§ 54 Kirchliche Zwecke

(1) Eine Körperschaft verfolgt kirchliche Zwecke, wenn ihre Tätigkeit darauf gerichtet ist, eine Religionsgemeinschaft, die Körperschaft des öffentlichen Rechts ist, selbstlos zu fördern.

(2) Zu diesen Zwecken gehören insbesondere die Errichtung, Ausschmückung und Unterhaltung von Gotteshäusern und kirchlichen Gemeindehäusern, die Abhaltung von Gottesdiensten, die Ausbildung von Geistlichen, die Erteilung von Religionsunterricht, die Beerdigung und die Pflege des Andenkens der Toten, ferner die Verwaltung des Kirchenvermögens, die Besoldung der Geistlichen, Kirchenbeamten und Kirchendiener, die Alters- und Behindertenversorgung für diese Personen und die Versorgung ihrer Witwen und Waisen.

§ 55 Selbstlosigkeit

(1) Eine Förderung oder Unterstützung geschieht selbstlos, wenn dadurch nicht in erster Linie eigenwirtschaftliche Zwecke - zum Beispiel gewerbliche Zwecke oder sonstige Erwerbszwecke - verfolgt werden und wenn die folgenden Voraussetzungen gegeben sind:

1. Mittel der Körperschaft dürfen nur für die satzungsmäßigen Zwecke verwendet werden. Die Mitglieder oder Gesellschafter (Mitglieder im Sinne dieser Vorschriften) dürfen keine Gewinnanteile und in ihrer Eigenschaft als Mitglieder auch keine sonstigen Zuwendungen aus Mitteln der Körperschaft erhalten. Die Körperschaft darf ihre Mittel weder für die unmittelbare noch für die mittelbare Unterstützung oder Förderung politischer Parteien verwenden.

2. Die Mitglieder dürfen bei ihrem Ausscheiden oder bei Auflösung oder Aufhebung der Körperschaft nicht mehr als ihre eingezahlten Kapitalanteile und den gemeinen Wert ihrer geleisteten Sacheinlagen zurückerhalten.

3. Die Körperschaft darf keine Person durch Ausgaben, die dem Zweck der Körperschaft fremd sind, oder durch unverhältnismäßig hohe Vergütungen begünstigen.

4. Bei Auflösung oder Aufhebung der Körperschaft oder bei Wegfall ihres bisherigen Zwecks darf das Vermögen der Körperschaft, soweit es die eingezahlten Kapitalanteile der Mitglieder und den gemeinen Wert der von den Mitgliedern geleisteten Sacheinlagen übersteigt, nur für steuerbegünstigte Zwecke verwendet werden (Grundsatz der Vermögensbindung). Diese Voraussetzung ist auch erfüllt, wenn das Vermögen einer anderen steuerbegünstigten Körperschaft oder einer juristischen Person des öffentlichen Rechts für steuerbegünstigte Zwecke übertragen werden soll.

5. Die Körperschaft muss ihre Mittel vorbehaltlich des § 62 grundsätzlich zeitnah für ihre steuerbegünstigten satzungsmäßigen Zwecke verwenden. Verwendung in diesem Sinne ist auch die Verwendung der Mittel für die Anschaffung oder Herstellung von Vermögensgegenständen, die satzungsmäßigen Zwecken dienen. Eine zeitnahe Mittelverwendung ist gegeben, wenn die Mittel spätestens in den auf den Zufluss folgenden zwei Kalender- oder Wirtschaftsjahren für die steuerbegünstigten satzungsmäßigen Zwecke verwendet werden.

(2) Bei der Ermittlung des gemeinen Werts (Absatz 1 Nr. 2 und 4) kommt es auf die Verhältnisse zu dem Zeitpunkt an, in dem die Sacheinlagen geleistet worden sind.

(3) Die Vorschriften, die die Mitglieder der Körperschaft betreffen (Absatz 1 Nr. 1, 2 und 4), gelten bei Stiftungen für die Stifter und ihre Erben, bei Betrieben gewerblicher Art von juristischen Personen des öffentlichen Rechts für die Körperschaft sinngemäß, jedoch mit der Maßgabe, dass bei Wirtschaftsgütern, die nach § 6 Absatz 1 Nummer 4 Satz 4 des Einkommensteuergesetzes aus einem Betriebsvermögen zum Buchwert entnommen worden sind, an die Stelle des gemeinen Werts der Buchwert der Entnahme tritt.

§ 56 Ausschließlichkeit

Ausschließlichkeit liegt vor, wenn eine Körperschaft nur ihre steuerbegünstigten satzungsmäßigen Zwecke verfolgt.

§ 57 Unmittelbarkeit

(1) Eine Körperschaft verfolgt unmittelbar ihre steuerbegünstigten satzungsmäßigen Zwecke, wenn sie selbst diese Zwecke verwirklicht. Das kann auch durch Hilfspersonen geschehen, wenn nach den Umständen des Falls, insbesondere nach den rechtlichen und tatsächlichen Beziehungen, die zwischen der Körperschaft und der Hilfsperson bestehen, das Wirken der Hilfsperson wie eigenes Wirken der Körperschaft anzusehen ist.

(2) Eine Körperschaft, in der steuerbegünstigte Körperschaften zusammengefasst sind, wird einer Körperschaft, die unmittelbar steuerbegünstigte Zwecke verfolgt, gleichgestellt.

§ 58 Steuerlich unschädliche Betätigungen

Die Steuervergünstigung wird nicht dadurch ausgeschlossen, dass

1. eine Körperschaft Mittel für die Verwirklichung der steuerbegünstigten Zwecke einer anderen Körperschaft oder für die Verwirklichung steuerbegünstigter Zwecke durch eine juristische Person des öffentlichen Rechts beschafft; die Beschaffung von Mitteln für eine unbeschränkt steuerpflichtige Körperschaft des privaten Rechts setzt voraus, dass diese selbst steuerbegünstigt ist,

2. eine Körperschaft ihre Mittel teilweise einer anderen, ebenfalls steuerbegünstigten Körperschaft oder einer juristischen Person des öffentlichen Rechts zur Verwendung zu steuerbegünstigten Zwecken zuwendet,

3. eine Körperschaft ihre Überschüsse der Einnahmen über die Ausgaben aus der Vermögensverwaltung, ihre Gewinne aus den wirtschaftlichen Geschäftsbetrieben ganz oder teilweise und darüber hinaus höchstens 15 Prozent ihrer sonstigen nach § 55 Absatz 1 Nummer 5 zeitnah zu verwendenden Mittel einer anderen steuerbegünstigten Körperschaft oder einer juristischen Person des öffentlichen Rechts zur Vermögensausstattung zuwendet. Die aus den Vermögenserträgen zu verwirklichenden steuerbegünstigten Zwecke müssen den steuerbegünstigten satzungsmäßigen Zwecken der zuwendenden Körperschaft entsprechen. Die nach dieser Nummer zugewandten Mittel und deren Erträge dürfen nicht für weitere Mittelweitergaben im Sinne des ersten Satzes verwendet werden,

4. eine Körperschaft ihre Arbeitskräfte anderen Personen, Unternehmen, Einrichtungen oder einer juristischen Person des öffentlichen Rechts für steuerbegünstigte Zwecke zur Verfügung stellt,

5. eine Körperschaft ihr gehörende Räume einer anderen, ebenfalls steuerbegünstigten Körperschaft oder einer juristischen Person des öffentlichen Rechts zur Nutzung zu steuerbegünstigten Zwecken überlässt,

6. eine Stiftung einen Teil, jedoch höchstens ein Drittel ihres Einkommens dazu verwendet, um in angemessener Weise den Stifter und seine nächsten Angehörigen zu unterhalten, ihre Gräber zu pflegen und ihr Andenken zu ehren,

7. eine Körperschaft gesellige Zusammenkünfte veranstaltet, die im Vergleich zu ihrer steuerbegünstigten Tätigkeit von untergeordneter Bedeutung sind,

8. ein Sportverein neben dem unbezahlten auch den bezahlten Sport fördert,

9. eine von einer Gebietskörperschaft errichtete Stiftung zur Erfüllung ihrer steuerbegünstigten Zwecke Zuschüsse an Wirtschaftsunternehmen vergibt,

10. eine Körperschaft Mittel zum Erwerb von Gesellschaftsrechten zur Erhaltung der prozentualen Beteiligung an Kapitalgesellschaften im Jahr des Zuflusses verwendet. Dieser Erwerb mindert die Höhe der Rücklage nach § 62 Absatz 1 Nummer 3.

§ 59 Voraussetzung der Steuervergünstigung

Die Steuervergünstigung wird gewährt, wenn sich aus der Satzung, dem Stiftungsgeschäft oder der sonstigen Verfassung (Satzung im Sinne dieser Vorschriften) ergibt, welchen Zweck die Körperschaft verfolgt, dass dieser Zweck den Anforderungen der §§ 52 bis 55 entspricht und dass er ausschließlich und unmittelbar verfolgt wird; die tatsächliche Geschäftsführung muss diesen Satzungsbestimmungen entsprechen.

§ 60 Anforderungen an die Satzung

(1) Die Satzungszwecke und die Art ihrer Verwirklichung müssen so genau bestimmt sein, dass auf Grund der Satzung geprüft werden kann, ob die satzungsmäßigen Voraussetzungen für Steuervergünstigungen gegeben sind. Die Satzung muss die in der Anlage 1 bezeichneten Festlegungen enthalten.

(2) Die Satzung muss den vorgeschriebenen Erfordernissen bei der Körperschaftsteuer und bei der Gewerbesteuer während des ganzen Veranlagungs- oder Bemessungszeitraums, bei den anderen Steuern im Zeitpunkt der Entstehung der Steuer entsprechen.

§ 60a Feststellung der satzungsmäßigen Voraussetzungen

(1) Die Einhaltung der satzungsmäßigen Voraussetzungen nach den §§ 51, 59, 60 und 61 wird gesondert festgestellt. Die Feststellung der Satzungsmäßigkeit ist für die Besteuerung der Körperschaft und der Steuerpflichtigen, die Zuwendungen in Form von Spenden und Mitgliedsbeiträgen an die Körperschaft erbringen, bindend.

(2) Die Feststellung der Satzungsmäßigkeit erfolgt

1. auf Antrag der Körperschaft oder

2. von Amts wegen bei der Veranlagung zur Körperschaftsteuer, wenn bisher noch keine Feststellung erfolgt ist.

(3) Die Bindungswirkung der Feststellung entfällt ab dem Zeitpunkt, in dem die Rechtsvorschriften, auf denen die Feststellung beruht, aufgehoben oder geändert werden.

(4) Tritt bei den für die Feststellung erheblichen Verhältnissen eine Änderung ein, ist die Feststellung mit Wirkung vom Zeitpunkt der Änderung der Verhältnisse aufzuheben.

(5) Materielle Fehler im Feststellungsbescheid über die Satzungsmäßigkeit können mit Wirkung ab dem Kalenderjahr beseitigt werden, das auf die Bekanntgabe der Aufhebung der Feststellung folgt. § 176 gilt entsprechend, außer es sind Kalenderjahre zu ändern, die nach der Verkündung der maßgeblichen Entscheidung eines obersten Gerichtshofes des Bundes beginnen.

§ 61 Satzungsmäßige Vermögensbindung

(1) Eine steuerlich ausreichende Vermögensbindung (§ 55 Abs. 1 Nr. 4) liegt vor, wenn der Zweck, für den das Vermögen bei Auflösung oder Aufhebung der Körperschaft oder bei Wegfall ihres bisherigen Zwecks verwendet werden soll, in der Satzung so genau bestimmt ist, dass auf Grund der Satzung geprüft werden kann, ob der Verwendungszweck steuerbegünstigt ist.

(2) (weggefallen)

(3) Wird die Bestimmung über die Vermögensbindung nachträglich so geändert, dass sie den Anforderungen des § 55 Abs. 1 Nr. 4 nicht mehr entspricht, so gilt sie von Anfang an als steuerlich nicht ausreichend. § 175 Abs. 1 Satz 1 Nr. 2 ist mit der Maßgabe anzuwenden, dass Steuerbescheide erlassen, aufgehoben oder geändert werden können, soweit sie Steuern betreffen, die innerhalb der letzten zehn Kalenderjahre vor der Änderung der Bestimmung über die Vermögensbindung entstanden sind.

§ 62 Rücklagen und Vermögensbildung

(1) Körperschaften können ihre Mittel ganz oder teilweise

1. einer Rücklage zuführen, soweit dies erforderlich ist, um ihre steuerbegünstigten, satzungsmäßigen Zwecke nachhaltig zu erfüllen;

2. einer Rücklage für die beabsichtigte Wiederbeschaffung von Wirtschaftsgütern zuführen, die zur Verwirklichung der steuerbegünstigten, satzungsmäßigen Zwecke erforderlich sind (Rücklage für Wiederbeschaffung). Die Höhe der Zuführung bemisst sich nach der Höhe der regulären Absetzungen für Abnutzung eines zu ersetzenden Wirtschaftsguts. Die Voraussetzungen für eine höhere Zuführung sind nachzuweisen;

3. der freien Rücklage zuführen, jedoch höchstens ein Drittel des Überschusses aus der Vermögensverwaltung und darüber hinaus höchstens 10 Prozent der sonstigen nach § 55 Absatz 1 Nummer 5 zeitnah zu verwendenden Mittel. Ist der Höchstbetrag für die Bildung der freien Rücklage in einem Jahr nicht ausgeschöpft, kann diese unterbliebene Zuführung in den folgenden zwei Jahren nachgeholt werden;

4. einer Rücklage zum Erwerb von Gesellschaftsrechten zur Erhaltung der prozentualen Beteiligung an Kapitalgesellschaften zuführen, wobei die Höhe dieser Rücklage die Höhe der Rücklage nach Nummer 3 mindert.

(2) Die Bildung von Rücklagen nach Absatz 1 hat innerhalb der Frist des § 55 Absatz 1 Nummer 5 Satz 3 zu erfolgen. Rücklagen nach Absatz 1 Nummer 1, 2 und 4 sind unverzüglich aufzulösen, sobald der Grund für die Rücklagenbildung entfallen ist. Die freigewordenen Mittel sind innerhalb der Frist nach § 55 Absatz 1 Nummer 5 Satz 3 zu verwenden.

(3) Die folgenden Mittelzuführungen unterliegen nicht der zeitnahen Mittelverwendung nach § 55 Absatz 1 Nummer 5:

1. Zuwendungen von Todes wegen, wenn der Erblasser keine Verwendung für den laufenden Aufwand der Körperschaft vorgeschrieben hat;

2. Zuwendungen, bei denen der Zuwendende ausdrücklich erklärt, dass diese zur Ausstattung der Körperschaft mit Vermögen oder zur Erhöhung des Vermögens bestimmt sind;

3. Zuwendungen auf Grund eines Spendenaufrufs der Körperschaft, wenn aus dem Spendenaufruf ersichtlich ist, dass Beträge zur Aufstockung des Vermögens erbeten werden;

4. Sachzuwendungen, die ihrer Natur nach zum Vermögen gehören.

(4) Eine Stiftung kann im Jahr ihrer Errichtung und in den drei folgenden Kalenderjahren Überschüsse aus der Vermögensverwaltung und die Gewinne aus wirtschaftlichen Geschäftsbetrieben nach § 14 ganz oder teilweise ihrem Vermögen zuführen.

§ 63 Anforderungen an die tatsächliche Geschäftsführung

(1) Die tatsächliche Geschäftsführung der Körperschaft muss auf die ausschließliche und unmittelbare Erfüllung der steuerbegünstigten Zwecke gerichtet sein und den Bestimmungen entsprechen, die die Satzung über die Voraussetzungen für Steuervergünstigungen enthält.

(2) Für die tatsächliche Geschäftsführung gilt sinngemäß § 60 Abs. 2, für eine Verletzung der Vorschrift über die Vermögensbindung § 61 Abs. 3.

(3) Die Körperschaft hat den Nachweis, dass ihre tatsächliche Geschäftsführung den Erfordernissen des Absatzes 1 entspricht, durch ordnungsmäßige Aufzeichnungen über ihre Einnahmen und Ausgaben zu führen.

(4) Hat die Körperschaft ohne Vorliegen der Voraussetzungen Mittel angesammelt, kann das Finanzamt ihr eine angemessene Frist für die Verwendung der Mittel setzen.

(5) Körperschaften im Sinne des § 10b Absatz 1 Satz 2 Nummer 2 des Einkommensteuergesetzes dürfen Zuwendungsbestätigungen im Sinne des § 50 Absatz 1 der Einkommensteuer-Durchführungsverordnung nur ausstellen, wenn

1. das Datum der Anlage zum Körperschaftsteuerbescheid oder des Freistellungsbescheids nicht länger als fünf Jahre zurückliegt oder

2. die Feststellung der Satzungsmäßigkeit nach § 60a Absatz 1 nicht länger als drei Kalenderjahre zurückliegt und bisher kein Freistellungsbescheid oder keine Anlage zum Körperschaftsteuerbescheid erteilt wurde.

Die Frist ist taggenau zu berechnen.

§ 64 Steuerpflichtige wirtschaftliche Geschäftsbetriebe

(1) Schließt das Gesetz die Steuervergünstigung insoweit aus, als ein wirtschaftlicher Geschäftsbetrieb (§ 14) unterhalten wird, so verliert die Körperschaft die Steuervergünstigung für die dem Geschäftsbetrieb zuzuordnenden Besteuerungsgrundlagen (Einkünfte, Umsätze, Vermögen), soweit der wirtschaftliche Geschäftsbetrieb kein Zweckbetrieb (§§ 65 bis 68) ist.

(2) Unterhält die Körperschaft mehrere wirtschaftliche Geschäftsbetriebe, die keine Zweckbetriebe (§§ 65 bis 68) sind, werden diese als ein wirtschaftlicher Geschäftsbetrieb behandelt.

(3) Übersteigen die Einnahmen einschließlich Umsatzsteuer aus wirtschaftlichen Geschäftsbetrieben, die keine Zweckbetriebe sind, insgesamt nicht 35.000 Euro im Jahr, so unterliegen die diesen Geschäftsbetrieben zuzuordnenden Besteuerungsgrundlagen nicht der Körperschaftsteuer und der Gewerbesteuer.

(4) Die Aufteilung einer Körperschaft in mehrere selbständige Körperschaften zum Zweck der mehrfachen Inanspruchnahme der Steuervergünstigung nach Absatz 3 gilt als Missbrauch von rechtlichen Gestaltungsmöglichkeiten im Sinne des § 42.

(5) Überschüsse aus der Verwertung unentgeltlich erworbenen Altmaterials außerhalb einer ständig dafür vorgehaltenen Verkaufsstelle, die der Körperschaftsteuer und der Gewerbesteuer unterliegen, können in Höhe des branchenüblichen Reingewinns geschätzt werden.

(6) Bei den folgenden steuerpflichtigen wirtschaftlichen Geschäftsbetrieben kann der Besteuerung ein Gewinn von 15 Prozent der Einnahmen zugrunde gelegt werden:

1. Werbung für Unternehmen, die im Zusammenhang mit der steuerbegünstigten Tätigkeit einschließlich Zweckbetrieben stattfindet,

2. Totalisatorbetriebe,

3. Zweite Fraktionierungsstufe der Blutspendedienste.

§ 65 Zweckbetrieb

Ein Zweckbetrieb ist gegeben, wenn

1. der wirtschaftliche Geschäftsbetrieb in seiner Gesamtrichtung dazu dient, die steuerbegünstigten satzungsmäßigen Zwecke der Körperschaft zu verwirklichen,

2. die Zwecke nur durch einen solchen Geschäftsbetrieb erreicht werden können und

3. der wirtschaftliche Geschäftsbetrieb zu nicht begünstigten Betrieben derselben oder ähnlicher Art nicht in größerem Umfang in Wettbewerb tritt, als es bei Erfüllung der steuerbegünstigten Zwecke unvermeidbar ist.

§ 66 Wohlfahrtspflege

(1) Eine Einrichtung der Wohlfahrtspflege ist ein Zweckbetrieb, wenn sie in besonderem Maß den in § 53 genannten Personen dient.

(2) Wohlfahrtspflege ist die planmäßige, zum Wohle der Allgemeinheit und nicht des Erwerbs wegen ausgeübte Sorge für notleidende oder gefährdete Mitmenschen. Die Sorge kann sich auf das gesundheitliche, sittliche, erzieherische oder wirtschaftliche Wohl erstrecken und Vorbeugung oder Abhilfe bezwecken.

(3) Eine Einrichtung der Wohlfahrtspflege dient in besonderem Maße den in § 53 genannten Personen, wenn diesen mindestens zwei Drittel ihrer Leistungen zugute kommen. Für Krankenhäuser gilt § 67.

§ 67 Krankenhäuser

(1) Ein Krankenhaus, das in den Anwendungsbereich des Krankenhausentgeltgesetzes oder der Bundespflegesatzverordnung fällt, ist ein Zweckbetrieb, wenn mindestens 40 Prozent der jährlichen Belegungstage oder Berechnungstage auf Patienten entfallen, bei denen nur Entgelte für allgemeine Krankenhausleistungen (§ 7 des Krankenhausentgeltgesetzes, § 10 der Bundespflegesatzverordnung) berechnet werden.

(2) Ein Krankenhaus, das nicht in den Anwendungsbereich des Krankenhausentgeltgesetzes oder der Bundespflegesatzverordnung fällt, ist ein Zweckbetrieb, wenn mindestens 40 Prozent der jährlichen Belegungstage oder Berechnungstage auf Patienten entfallen, bei denen für die Krankenhausleistungen kein höheres Entgelt als nach Absatz 1 berechnet wird.

§ 67a Sportliche Veranstaltungen

(1) Sportliche Veranstaltungen eines Sportvereins sind ein Zweckbetrieb, wenn die Einnahmen einschließlich Umsatzsteuer insgesamt 45 000 Euro im Jahr nicht übersteigen. Der Verkauf von Speisen und Getränken sowie die Werbung gehören nicht zu den sportlichen Veranstaltungen.

(2) Der Sportverein kann dem Finanzamt bis zur Unanfechtbarkeit des Körperschaftsteuerbescheids erklären, dass er auf die Anwendung des Absatzes 1 Satz 1 verzichtet. Die Erklärung bindet den Sportverein für mindestens fünf Veranlagungszeiträume.

(3) Wird auf die Anwendung des Absatzes 1 Satz 1 verzichtet, sind sportliche Veranstaltungen eines Sportvereins ein Zweckbetrieb, wenn

1. kein Sportler des Vereins teilnimmt, der für seine sportliche Betätigung oder für die Benutzung seiner Person, seines Namens, seines Bildes oder seiner sportlichen Betätigung zu Werbezwecken von dem Verein oder einem Dritten über eine Aufwandsentschädigung hinaus Vergütungen oder andere Vorteile erhält und

2. kein anderer Sportler teilnimmt, der für die Teilnahme an der Veranstaltung von dem Verein oder einem Dritten im Zusammenwirken mit dem Verein über eine Aufwandsentschädigung hinaus Vergütungen oder andere Vorteile erhält.

Andere sportliche Veranstaltungen sind ein steuerpflichtiger wirtschaftlicher Geschäftsbetrieb. Dieser schließt die Steuervergünstigung nicht aus, wenn die Vergütungen oder andere Vorteile ausschließlich aus wirtschaftlichen Geschäftsbetrieben, die nicht Zweckbetriebe sind, oder von Dritten geleistet werden.

§ 68 Einzelne Zweckbetriebe

Zweckbetriebe sind auch:

1. a)Alten-, Altenwohn- und Pflegeheime, Erholungsheime, Mahlzeitendienste, wenn sie in besonderem Maß den in § 53 genannten Personen dienen (§ 66 Abs. 3),

b) Kindergärten, Kinder-, Jugend- und Studentenheime, Schullandheime und Jugendherbergen,

2. a) landwirtschaftliche Betriebe und Gärtnereien, die der Selbstversorgung von Körperschaften dienen und dadurch die sachgemäße Ernährung und ausreichende Versorgung von Anstaltsangehörigen sichern,
b) andere Einrichtungen, die für die Selbstversorgung von Körperschaften erforderlich sind, wie Tischlereien, Schlossereien, wenn die Lieferungen und sonstigen Leistungen dieser Einrichtungen an Außenstehende dem Wert nach 20 Prozent der gesamten Lieferungen und sonstigen Leistungen des Betriebs - einschließlich der an die Körperschaften selbst bewirkten - nicht übersteigen,

3. a) Werkstätten für behinderte Menschen, die nach den Vorschriften des Dritten Buches Sozialgesetzbuch förderungsfähig sind und Personen Arbeitsplätze bieten, die wegen ihrer Behinderung nicht auf dem allgemeinen Arbeitsmarkt tätig sein können,

b)Einrichtungen für Beschäftigungs- und Arbeitstherapie, in denen behinderte Menschen aufgrund ärztlicher Indikationen außerhalb eines Beschäftigungsverhältnisses zum Träger der Therapieeinrichtung mit dem Ziel behandelt werden, körperliche oder psychische Grundfunktionen zum Zwecke der Wiedereingliederung in das Alltagsleben wiederherzustellen oder die besonderen Fähigkeiten und Fertigkeiten auszubilden, zu fördern und zu trainieren, die für eine Teilnahme am Arbeitsleben erforderlich sind, und

c) Integrationsprojekte im Sinne des § 132 Abs. 1 des Neunten Buches Sozialgesetzbuch, wenn mindestens 40 Prozent der Beschäftigten besonders betroffene schwerbehinderte Menschen im Sinne des § 132 Abs. 1 des Neunten Buches Sozialgesetzbuch sind,

4. Einrichtungen, die zur Durchführung der Blindenfürsorge und zur Durchführung der Fürsorge für Körperbehinderte unterhalten werden,

5. Einrichtungen über Tag und Nacht (Heimerziehung) oder sonstige betreute Wohnformen,

6. von den zuständigen Behörden genehmigte Lotterien und Ausspielungen, wenn der Reinertrag unmittelbar und ausschließlich zur Förderung mildtätiger, kirchlicher oder gemeinnütziger Zwecke verwendet wird,

7. kulturelle Einrichtungen, wie Museen, Theater, und kulturelle Veranstaltungen, wie Konzerte, Kunstausstellungen; dazu gehört nicht der Verkauf von Speisen und Getränken,

8. Volkshochschulen und andere Einrichtungen, soweit sie selbst Vorträge, Kurse und andere Veranstaltungen wissenschaftlicher oder belehrender Art durchführen; dies gilt auch, soweit die Einrichtungen den Teilnehmern dieser Veranstaltungen selbst Beherbergung und Beköstigung gewähren,

9. Wissenschafts- und Forschungseinrichtungen, deren Träger sich überwiegend aus Zuwendungen der öffentlichen Hand oder Dritter oder aus der Vermögensverwaltung finanziert. Der Wissenschaft und Forschung dient auch die Auftragsforschung. Nicht zum Zweckbetrieb gehören Tätigkeiten, die sich auf die Anwendung gesicherter wissenschaftlicher Erkenntnisse beschränken, die Übernahme von Projektträgerschaften sowie wirtschaftliche Tätigkeiten ohne Forschungsbezug.

Musterbrief Amtsgericht – An- und Abmeldung Vorstandsmitglieder

Absender: Ihr Verein

An das Amtsgericht – Vereinsregister

(für den Ort des Vereinssitzes zuständiges Amtsgericht)
...... (Ort), den ... (Datum)

Betreff: Änderung im Vorstand des Vereins
Sehr geehrte Damen und Herren,
in der Registersache
(Verein) (Registernummer)
.... - VR .... -

melden wir zur Eintragung in das Vereinsregister an:

In der Mitgliederversammlung am .... (Datum) wurden folgende Personen neu als vertretungsberechtigte Vorstandsmitglieder des Vereins gewählt:

.... (Name, Beruf, Adresse)

.... (Name, Beruf, Adresse)

Die folgenden Personen gehören dem Vorstand nicht mehr an:

.... (Name, Beruf, Adresse)

.... (Name, Beruf, Adresse)

Die Unterzeichner versichern, dass diese Wahlen in einer satzungsgemäß einberufenen Mitgliederversammlung ordnungsgemäß erfolgt sind.

Beigefügt ist ein Auszug aus dem Protokoll der Mitgliederversammlung in Original und Kopie.
Beigefügt sind ebenfalls die notariell beglaubigten Unterschriften der neu gewählten Vorstandsmitglieder.

Mit freundlichen Grüßen

....
(Unterschriften sämtlicher Vorstandsmitglieder,
mitunter genügt auch eine Unterzeichnung nach § 26 BGB)

Vereinskalendarium – Anleitung

In diesen Vereinskalender können Sie alle Vereinstermine aufnehmen und vorab wichtige private oder dienstliche Termine dort eintragen, um Terminüberschneidungen zu vermeiden. Es muss dabei nicht unbedingt der Januar der 1. Monat sein. Richten Sie sich nach den Vereinserfordernissen.

Monat:		***Januar***	*Monat:*		***Februar***	*Monat:*		***März***
01.	**X**		01.	/		01.	/	
02.			02.	**X**		02.	**X**	
03.			03.		20:00 Training	03.		
04.	/		04.			04.		
05.	**X**		05.			05.		
06.		20:00 Training	06.			06.		
07.			07.			07.	O	19:00 Mitgliedervers.
08.			08.	/		08.	/	
09.			09.	**X**		09.	**X**	
10.			10.			10.		
11.	/		11.			11.		
12.	**X**	11:00 Empfang Stadt	12.			12.		

Legende:
- O Wichtiger Termin
- / Samstag
- X Sonntag/Feiertag
- Ø Übernommen in Privaten Kalender

Alternativ können Sie auf den folgenden Seiten Ihre Satzung einheften oder einkleben

Blanko - Kalenderformular für 18 Monate

Monat:		***Monat:***		***Monat:***	
01.		01.		01.	
02.		02.		02.	
03.		03.		03.	
04.		04.		04.	
05.		05.		05.	
06.		06.		06.	
07.		07.		07.	
08.		08.		08.	
09.		09.		09.	
10.		10.		10.	
11.		11.		11.	
12.		12.		12.	
13.		13.		13.	
14.		14.		14.	
15.		15.		15.	
16.		16.		16.	
17.		17.		17.	
18.		18.		18.	
19.		19.		19.	
20.		20.		20.	
21.		21.		21.	
22.		22.		22.	
23.		23.		23.	
24.		24.		24.	
25.		25.		25.	
26.		26.		26.	
27.		27.		27.	
28.		28.		28.	
29.		29.		29.	
30.		30.		30.	
31.		31.		31.	

Monat:			***Monat:***			***Monat:***		
01.			01.			01.		
02.			02.			02.		
03.			03.			03.		
04.			04.			04.		
05.			05.			05.		
06.			06.			06.		
07.			07.			07.		
08.			08.			08.		
09.			09.			09.		
10.			10.			10.		
11.			11.			11.		
12.			12.			12.		
13.			13.			13.		
14.			14.			14.		
15.			15.			15.		
16.			16.			16.		
17.			17.			17.		
18.			18.			18.		
19.			19.			19.		
20.			20.			20.		
21.			21.			21.		
22.			22.			22.		
23.			23.			23.		
24.			24.			24.		
25.			25.			25.		
26.			26.			26.		
27.			27.			27.		
28.			28.			28.		
29.			29.			29.		
30.			30.			30.		
31.			31.			31.		

Monat:			Monat:			Monat:		
01.			01.			01.		
02.			02.			02.		
03.			03.			03.		
04.			04.			04.		
05.			05.			05.		
06.			06.			06.		
07.			07.			07.		
08.			08.			08.		
09.			09.			09.		
10.			10.			10.		
11.			11.			11.		
12.			12.			12.		
13.			13.			13.		
14.			14.			14.		
15.			15.			15.		
16.			16.			16.		
17.			17.			17.		
18.			18.			18.		
19.			19.			19.		
20.			20.			20.		
21.			21.			21.		
22.			22.			22.		
23.			23.			23.		
24.			24.			24.		
25.			25.			25.		
26.			26.			26.		
27.			27.			27.		
28.			28.			28.		
29.			29.			29.		
30.			30.			30.		
31.			31.			31.		

Monat:			**Monat:**			**Monat:**		
01.			01.			01.		
02.			02.			02.		
03.			03.			03.		
04.			04.			04.		
05.			05.			05.		
06.			06.			06.		
07.			07.			07.		
08.			08.			08.		
09.			09.			09.		
10.			10.			10.		
11.			11.			11.		
12.			12.			12.		
13.			13.			13.		
14.			14.			14.		
15.			15.			15.		
16.			16.			16.		
17.			17.			17.		
18.			18.			18.		
19.			19.			19.		
20.			20.			20.		
21.			21.			21.		
22.			22.			22.		
23.			23.			23.		
24.			24.			24.		
25.			25.			25.		
26.			26.			26.		
27.			27.			27.		
28.			28.			28.		
29.			29.			29.		
30.			30.			30.		
31.			31.			31.		

Monat:			***Monat:***			***Monat:***		
01.			01.			01.		
02.			02.			02.		
03.			03.			03.		
04.			04.			04.		
05.			05.			05.		
06.			06.			06.		
07.			07.			07.		
08.			08.			08.		
09.			09.			09.		
10.			10.			10.		
11.			11.			11.		
12.			12.			12.		
13.			13.			13.		
14.			14.			14.		
15.			15.			15.		
16.			16.			16.		
17.			17.			17.		
18.			18.			18.		
19.			19.			19.		
20.			20.			20.		
21.			21.			21.		
22.			22.			22.		
23.			23.			23.		
24.			24.			24.		
25.			25.			25.		
26.			26.			26.		
27.			27.			27.		
28.			28.			28.		
29.			29.			29.		
30.			30.			30.		
31.			31.			31.		

Monat:			***Monat:***			***Monat:***		
01.			01.			01.		
02.			02.			02.		
03.			03.			03.		
04.			04.			04.		
05.			05.			05.		
06.			06.			06.		
07.			07.			07.		
08.			08.			08.		
09.			09.			09.		
10.			10.			10.		
11.			11.			11.		
12.			12.			12.		
13.			13.			13.		
14.			14.			14.		
15.			15.			15.		
16.			16.			16.		
17.			17.			17.		
18.			18.			18.		
19.			19.			19.		
20.			20.			20.		
21.			21.			21.		
22.			22.			22.		
23.			23.			23.		
24.			24.			24.		
25.			25.			25.		
26.			26.			26.		
27.			27.			27.		
28.			28.			28.		
29.			29.			29.		
30.			30.			30.		
31.			31.			31.		

Made in the USA
Monee, IL
19 October 2026

66036568R00037